[澳大利亚] 彼得 · 辛格 著　张卜天 译

黑格尔

牛津通识读本 ·

Hegel

A Very Short Introduction

译林出版社

图书在版编目（CIP）数据

黑格尔/（澳）辛格（Singer, P.）著；张卜天译．—南京：译林出版社，2015.11（2023.7重印）
（牛津通识读本）
书名原文：Hegel: A Very Short Introduction
ISBN 978-7-5447-5675-4

Ⅰ.①黑…　Ⅱ.①辛…②张…　Ⅲ.①黑格尔，G.W.F.（1770～1831）－哲学思想－研究　Ⅳ.①B516.35

中国版本图书馆 CIP 数据核字（2015）第 178406 号

著作权合同登记号　图字：10-2013-27 号

黑格尔［澳大利亚］彼得·辛格 / 著　张卜天 / 译

责任编辑　何本国　陈　锐
责任印制　董　虎

原文出版　Oxford University Press, 2001
出版发行　译林出版社
地　　址　南京市湖南路 1 号 A 楼
邮　　箱　yilin@yilin.com
网　　址　www.yilin.com
市场热线　025-86633278
排　　版　南京展望文化发展有限公司
印　　刷　江苏凤凰通达印刷有限公司
开　　本　890 毫米 × 1260 毫米　1/32
印　　张　8.375
插　　页　4
版　　次　2015 年 11 月第 1 版
印　　次　2023 年 7 月第 13 次印刷
书　　号　ISBN 978-7-5447-5675-4
定　　价　39.00 元

序言

邓晓芒

对于英语世界的黑格尔研究，我最早是从贺麟先生介绍美国新黑格尔主义者鲁一士的一篇文字中读到的，文中说鲁一士把黑格尔的《精神现象学》中的精神形容为一位战士，从战场上走来，疲惫不堪，浑身血迹，仍然踉跄前行。当时读了大为感动。不过自那以来，就再也没有读过什么让人心动的作品了，尤其是那些大名鼎鼎的作者，如罗素、卡尔·波普尔、以赛亚·伯林、查尔斯·泰勒等人，他们都自称曾经是黑格尔的崇拜者，但他们对黑格尔的那些评论（主要是批评），令人怀疑他们是否真的读过黑格尔。最糟糕的是，就是这些半吊子的黑格尔批评者却在英语世界中形成了一种批评的定式，几乎所有的人都在重复着比如说罗素在其《西方哲学史》中所定下的调子；而且这同时也影响到那些只读英文文献的中国学者们，他们中百分之九十的人一听到"黑格尔"三个字，就要露出鄙夷不屑的神色来。加上这些年来我对以英文出版的康德研究越来越失望，我简直怀疑同出于日耳曼语系的这些英语世界学者是否还具备真正把握德意志思维方式的能力。

目前这本小册子的作者彼得·辛格并不是什么知名的大人物，毕业于牛津大学的这位澳大利亚学者的确也不想摆什么大人物的架子。在这本《黑格尔》中，他也只字不提如何将黑格尔的观点作一些六经注我式的发挥或发展，而是声称他只想为那些不了解黑格尔的读者阐释一下这位以艰深闻名的哲学家的思想。然而，尽管谦卑地承认受益于牛津的那些权威大师，他在这本不到六万字的文风平实的小书中却显现了不少独特的见地，越出了上述英语世界黑格尔研究的成规。

首先，本书采取了不同于其他人对黑格尔哲学的叙述方式，既不是先展示黑格尔的抽象概念，然后下降到各个分支，也不是按照黑格尔自己的体系编排即逻辑学、自然哲学和精神哲学的次序，或是精神现象学、逻辑学、应用逻辑学（自然哲学、精神哲学）的次序；而是独辟蹊径，先从历史哲学和法哲学开始，而把自我意识、理性和精神的概念留到后面讲精神现象学的时候再伸展开来讲；最后才寥寥数语谈谈逻辑学和辩证法。当然，这种方式比较适合于英美人的思维方式，也的确比较通俗，但其实并不违背黑格尔最主要的精神。因为黑格尔的逻辑和历史相一致原理本来就是可以倒过来理解的，既可以从逻辑下降到历史，也可以从历史上升到逻辑，只要在每一方里面同时想到另一方就行。这就要求我们在谈历史的时候，绝不能如同经验主义和实证主义那样只专注于琐屑的历史事件或经验事实，而是必须从中看出历史的目的性和必然性来。这恰好是英美学者们深恶痛绝的，例如以赛亚·伯林会说，这就是通往极权主义的积极自由理论；卡尔·波普尔则会说，这叫作“历史决定论”，它导致从柏拉图到黑格尔和马克思的“整体性社会工程”。总的来说，当代西方思想界很少有人还坚持历史中含有某种目的性或者必然性，所谓“开放社会”无非是一个无目的的社会，因而历史对于我们当今的现实生活究竟还有没有意义、有什么样的意义，就成了一个问题。

与这种潮流相反，作者在这里采取一种温和的方式对备受指责的黑格尔的历史目的论进行了辩解："去除'历史有意义'这一断言的所有宗教的或神秘的含义，只把它理解成一种较为狭窄的说法，即反思过去能使我们看清历史的走向及其最终目标；如果幸运的话，该目标将是令人向往的，因此可被视为我们的奋斗目标。"（第14页）他以一种极其务实的笔调将黑格尔的"世界历史是自由意志的进展"这一思辨命题解释得通俗易懂。例如"东方只知道一个人是自由的"，中国、印度和波斯三个东方帝国分别体现为家庭、种姓和神权原则，但只有后者才潜含着精神自由的原则，因此波斯帝国才是真正的世界历史的起点。而在希腊社会，开始知道了有一部分人是自由的。我们通常会指责古希腊的自由民主制度是建立在奴隶制基础上的，因此是有限制的，而不是真正全面的自由。但"在黑格尔看来，希腊的民主形式要想能够运作，就必定需要奴隶制。比如在雅典，如果每一位公民都有权利和义务参加作为城邦最高决策机构的公共集会，那么谁来做日常工作以提供生活之所需呢？因此必须有一类劳动者，他们不享受公民权利也不承担公民义务，换句话说，必须有奴隶"（第17页）。在观念上，希腊人的自由依赖于城邦伦理实体，因此并不意味着个人的独立，而是一种自然身份；而当他们开始意识到个人的独立时（例如在苏格拉底那里），城邦就开始走向灭亡，古代人的自由就开始（经过罗马的斯多亚主义）向基督教的自由观过渡了。只有在基督教的日耳曼世界中，人们才第一次意识到了一切人都是自由的。作者敏锐地指出，黑格尔眼中的真正基督教精神是宗教改革之后才形成的，在此之前是一千年中世纪漫长的黑夜。而宗教改革之后，历史的任务就是按照人天生自由这个原则来改变世界。（第25页）近代以来的理性原则、法律原则和普世伦理都是为一切人平等的自由的实现而提供条件的。作者用这么少的篇幅来梳理黑格尔的历史哲学，而且每一处要点都言简意赅，恰到好处，这是十分罕见的。

我常常有种感觉，即对黑格尔哲学的精当解释本身就是对它的辩护。黑格尔的历史哲学的确不是来虚的，谁要是否认历史中的规律是自由意志的合乎目的的发展，不管他打着怎样的反对极权主义的旗号，他实际上是主张人们在极权主义面前无所作为、束手就擒，这本身离极权主义也就不远了。典型的例证就是对法国大革命的态度。如今人们为了避免法国大革命式的悲剧发生，已经把这场革命几乎彻底否定了。作者却指出，在黑格尔看来，法国革命对于法国政治生活来说诚然是一场失败，但它的世界历史意义却在于把它的原则传播到了其他国家。（第26页）其实，真正的哲学家像康德、谢林和黑格尔，都在批评法国革命的具体做法的同时，充分肯定了它的原则的伟大，并在它的血腥中看到人类为了一个伟大的历史目标表现出了何等崇高的自我牺牲精神！

作者与英语世界的流行观念完全不同的另一个话题，是他遵照黑格尔的教导，对自由的理念进行了一番理性的分析。他指出，以柏林为代表的英美自由主义所理解的自由，也就是所谓“消极自由”，实际上相当于黑格尔所说的“抽象自由”，它徒有自由的形式（“形式的自由”），而无自由的实质。（第31页）至于超出这种抽象自由之上的自由，他引入了康德的意志自律（绝对律令）来解释，并认为黑格尔是沿着这一思路走过来的。（第36页）他没有说错。黑格尔在《法哲学原理》导言中说的那种“对意志的意志”，其实就是意志自律。但他也指出，黑格尔对康德这一原则的形式主义十分不满，认为应当加入个人欲望的因素，并在这些欲望的互相冲突中建立起自律的社会制度。而这一过程本身是一个充满矛盾和分裂、堕落和罪恶的过程，就连主观内心的道德良知也会沦为伪善。可惜作者没有在这方面深入下去，他更关心的是这种社会制度在黑格尔心目中的理想模式。作者用“有机共同体”来概括黑格尔的社会理想模式可以说是抓住了关键。黑格尔反对社会契约论、三权分立和权力制衡那一套机械论的国家观，崇尚古希腊那种人人自发地为国家利益效忠的精神，但又不满于希腊人缺乏独立自我和个人权利意识，于是想在古代的伦理实体和近代的个人主义之间找到有机的结合方式，这就是他所主张的君主立宪制。这个理想社会模式是古代城邦伦理实体和近代理性原则如法国大革命原则的合题，它所体现的人的自由不是英美政治哲学家们所提倡的那种表面的政治自由，而是具有形而上学意义的自由。“当我们不受他人胁迫或我们自然欲望的驱使，也不受社会环境的左右而有能力进行选择时，我们就是自由的。……只有当我们理性地选择时，这样的自由才能存在；而只有当我们依照普遍原则进行选择时，我们的选择才是理性的。这些选择要想带给我们应有的满足，这些普遍原则就必须体现在一个按照理性方式组织起来的有机共同体中。在这样一个共同体中，个人利益与整体利益是和谐一致的。在选择尽我的义务时，我的选择因为是理性的，所以是自由的，我在服务于普遍性的客观形态——国家——的过程中也实现了自己。”（第48页）当然，作者也承认，黑格尔的这一社会理想是否能够实现是可疑的，在理论上要驳倒它也不是什么难事；然而，值得珍视的是，“黑格尔试图描述的是个人利益与整体利益和谐一致的共同体。如果他没有成功，其他人可以继续这种探索。如果没有人成功，而且我们最终认为永远不会有人成功，那么我们将不得不承认，黑格尔意义上的自由不可能存在。但即使如此，黑格尔自称描述了唯一真正的自由也不会变得无效，这种自由仍然可以充当一种理想”（第50页）。的确，后来马克思再一次尝试在新的基础上描述这一有机共同体，也就是所谓“自由人的联合体”，在其中，每个人的自由是一切人自由的条件。而作者对待黑格尔的理想的态度，也再次适用于对待马克思。

作者对于卡尔·波普尔等人将黑格尔指责为极权主义国家学说的鼓吹者进行了多方面的澄清，认为那些指责都是断章取义和歪曲的。“在黑格尔看来，理性国家绝不会像纳粹和斯大林式的国家那样对待自己的公民。那种观念是一种自相矛盾。同样，一旦我们意识到，个体利益与集体利益在黑格尔的理性国家中是和谐一致的，国家利益与个人利益相冲突以及无情压倒个人权利的威胁就不存在了。”（第54页）在人与人之间有可能达成那种和谐的前景上黑格尔无疑过于乐观了（这点马克思也未能避免），但至少，作者认为，说黑格尔是有意取悦普鲁士国王，这显然是错误的；顶多只能说，他为了不激怒当局，有时隐去了自己国家学说背后的激进理论，甚至偶尔还要说两句应景的话。而这也是人之常情，是在那种政治体制下的哲学家免不了的。试问今天那些苛责黑格尔的人，他们自己又做得怎么样呢？

本书的重头戏其实还是对黑格尔《精神现象学》的大体轮廓的勾画。我还以为作者在这样一本通俗小册子中会大步略过这一过分沉重的工作，但作者介入的深度却令我刮目相看。应该说，就作者对所涉及部分的分析来看，作者的理解基本上是准确的，这在英语世界来说已属难得了。当然作者在描述意识的发展进程时，也表现出在两种不同的解释路向之间摇摆，甚至是挣扎。一种是黑格尔自己的思辨的辩证法路向，即通过概念的自否定而推动意识形态的不断积极上进，这是整个英美学界至今都还没有人吃透的，而本书作者却在某些地方显示出有所领悟；另一种是英美学界从上个世纪中叶以来已经定型甚至成为“常识”的对黑格尔辩证法的那种肤浅的甚至是错误的理解，这种理解就是：当一个概念展示出自身的缺陷时，“我们”就不得不求助于另一个更高、更完善的概念来弥补这种缺陷，于是概念的“进展”就这样形成了。这被看作黑格尔推动自己的概念运动的机制。

作者的描述有时就在这两种截然不同的思路之间跳跃。例如他说：“每一种意识形式在显示自己达不到真正知识的过程中，都把我们引向了黑格尔所谓的‘决定性的否定’（determinate negation）。……而决定性的否定本身就是某种东西。[想想数学中的负号（negation sign）：它产生的不是零，而是一个明确的负数。] 这种因为发现一种意识形式不完善而产生的‘某种东西’本身就是一种新的意识形式，即意识觉察到之前形式的不完善而不得不采取一种不同的方式来克服它们。于是我们将被迫从一种意识形式走向下一种意识形式，不停地去寻求真正的知识。”（第64页）其实按照黑格尔的意思，“决定性的否定”（或译“规定着的否定”、“特定的否定”）并不是意识形式因为觉察到自己的不完善而“引向”或“产生”的“某种东西”，相反，它就是每种意识形态本身的本性；因此它也不是意识不得不采取的一种“不同的方式”，以便克服自己的不完善，而就是在它自己给这种不完善定位、加以规定时就已经超越了自身、发展出了一个新的意识形态。这层精微的含义有时作者也认识到了，例如他在分析感性确定性时说：“要想表明感性确定性的不完善，只需照字面接受它的说法，并试图使之变得更加精确。感性确定性并非被一种竞争性的意识形式所击败，而完全是因为自身的不协调而垮台的。”（第68页）这里只需把“垮台”换成“更新”或“蜕变”就行了。然而，在谈到知觉向知性的过渡时他又陷入了流俗之见，即“在知觉层面，意识根据对象的普遍性质对其进行分类。事实证明这是不够的，因此在知性层面，意识又把它自己的规则强加于实在”（第69页）。给人的印象似乎是，现在面前摆着的有感性、知觉、知性几个“层面”，“我们”在一旁照看着，当某个层面出问题的时候，“我们”就不得不动用另一个层面的手段来解决问题。整个精神现象学就这样“被迫从一种意识形式走向下一种意识形式”。这套说辞正合乎英美哲学家所崇尚的经验自然科学（牛顿物理学）习惯了的外在处理方式，作者也不能免俗。但显然，这种方式与黑格尔对意识形式本身内在生命冲动的强调是毫不相干的，《精神现象学》的整个意识经验的进展完全是由意识的这种内在生命所推动的，而不是由哲学家外在的主观意志强加于事情本身的。

在《精神现象学》中，作者还只是不自觉地适应着对辩证法的上述流行的理解，而在后面专门谈《逻辑学》和辩证法的部分，才正式把这种流行的方法论端了出来。他这样描述道：在《精神现象学》中，“讨论意识的那一节以自我意识的出现而结束。我们把自我意识作为正题，看到它还需要某个对象以从中分化出自己，这个外部对象可被视为反题。这并不能令人满意，因为外部对象是某种与自我意识异质或敌对的东西。它们的合题就是欲望，自我意识在欲望中保留了外部对象，但使之成为自身的东西。之后欲望的状态又被证明不能令人满意，于是我们走向了本身就是一个自我意识的外部对象”（第96页）。看看这里的用语：“它还需要……外部对象”；“并不能令人满意”；“又被证明不能令人满意，于是我们走向了……外部对象”。好像有一个“外部对象”早就等在那里，等到事情“不能令人满意”了，就跳出来救场；而“我们”也只有“走向”它，才能得到“满意”。当然，这并非作者的创造发明，只不过是重复罗素和司退斯等人的拙劣解释。但也有说得不错的，例如：“在我们的思维范畴中，在意识的发展中，在历史的进步中，有许多对立因素导致了看似稳定的东西瓦解，由此产生的新东西调和了之前的对立因素，但也发展出了它自身的内在张力。这个过程是必然的，因为无论是思想还是意识都不可能以完满的形式产生出来。只有通过辩证发展的过程，它们才能达到完满。根据黑格尔的说法，辩证法之所以能够充当一种阐释方法，是因为世界就是辩证运作的。”（第97页）这与同一页的上面那段话完全是两种思路。

作者对从生死斗争到主奴关系的分析显得有些勉强，或者说力不从心。当然这不是他个人的问题，这是世界性的难题。自我意识为什么一定要通过生死斗争来获得他人的承认？作者说：“我们可以认为黑格尔只是主张，某些人在某时某地必然会以生命为赌注去证明其身体的独立性，这种证明并不需要每个人都去重复。”（第74页）但这并不是黑格尔的主张。在黑格尔那里，生死斗争毋宁说是人的精神本质的体现。人的生命与动物生命的一个重要区别就在于他是意识到死亡的生命，因此自我意识虽然是生命，但并不束缚于生命，而是通过死亡意识超出了单纯的生命，成为了一种普遍的精神现象。因此在与他人打交道时，如果仅仅限于日常的生命相关性，一个自我意识就不可能与另一个自我意识发生真正普遍意义上的关系，而只可能是经验层面上的对抗或者利用关系，就像一头狮子或一只羚羊的关系一样。所以，只有当他们互相以生死相拼，也就是在相互矛盾的关系中双方都站在对自己的生或死进行抉择的十字路口上，来决定自己究竟是活下去还是不活，对自己的生死进行过一番自由意志的选择之后，这样建立起来的人与人的关系才真正具有了自我意识的那种超越生死之上的普遍性，才是纯粹自我意识之间的关系。所以，生死斗争对于一个自我意识得到另一个自我意识的承认是绝对必要的，因为这种承认不是在有限生命的层次上，而是在无限精神的层次上建立起来的。主奴关系绝不仅仅是一种体力上的臣服，而是一种精神上的服从，这是只有通过生死斗争才能够提升起来的。用黑格尔的话来说，生死斗争是一场“考验”，只有拿性命去拼过一场的人，才能使自己的自我意识在别人的自我意识中得到确证，也就是得到别人的承认。正是从这里，才打开了超越生死之上的斯多亚式的自由和基督教的苦恼意识的道路，即追求纯粹精神生活的道路。

对《精神现象学》的描述最后提出了两个悬而未决的问题，一个是自在之物（或客观存在）的问题，一个是客观精神的问题，作者认为这两个问题都是无法在黑格尔那里找到答案的。第一个问题表明作者尚未理解德国唯心论从费希特以来所开辟的主客统一的世界观。但至少，作者在第二个问题上为黑格尔作了一点辩护，说他的客观精神实际上是指精神的社会性和理性的普遍性（第90页），即使从英语世界的眼光来看，这都是可以接受的。

最后一章谈逻辑和辩证法显得有些敷衍，缺乏前面那种激情。作者关心的毋宁是黑格尔的逻辑学和上帝的关系，或者说在什么意义上黑格尔是一个宗教哲学家。作者认为从宗教立场来解释黑格尔哲学是肤浅的，甚至用泛神论和无神论来解释也不靠谱。他更赞同惠特莫尔的“超泛神论”：“神比宇宙更重要，因为神是整体，而整体要比它的所有部分之和更伟大。这就像一个人不只是组成他身体的所有细胞一样——尽管这个人离开了身体就什么也不是。所以根据这种观点，神要比宇宙的所有组成部分之和更多，但又不与它们相分离。同样，正如单独的细胞加起来并不等于一个人，宇宙的个别部分加起来也不等于神。”（第101页）实际上这种观点更接近于有机系统论，神就相当于整体的“系统质”。系统论的泰斗贝塔朗菲确实深受黑格尔的影响。但有一点不同的是，黑格尔的系统不是一个静止的封闭系统，而是一个历史的开放系统，“黑格尔并没有把上帝看成永恒不变的，而是看成了一种需要在世界中显示自己的本质，在显示之后还要为了完善自己而去完善世界。这种想法虽然奇特，但却很有力量。它极为强调发展的必然性，因为历史的前进是上帝为了实现完满而必须走的道路”（第101页）。既然是一个“开放”系统，那么作者在书末最后一言所作的假设也就没有什么值得奇怪的了，这就是：黑格尔的历史观导致了马克思的共产主义理想及其革命的实践。（第106页）

总之，这本简介黑格尔哲学的小书虽然从专业的角度来看并非无可挑剔，但它的平易近人和大致上的准确性其实胜过许多大部头的专著（如司退斯的《黑格尔哲学》）。它证明，即使操英语的学者，只要认真对待黑格尔的那种玄学思辨，而不是嗤之以鼻，是可以进入到这种高深的哲学堂奥中去的。

2015年7月31日，于华中科技大学

谨以此书纪念

我的父亲欧内斯特·辛格

目录

前言

19和20世纪的哲学家对世界的影响都比不上黑格尔。对于这一笼统说法，唯一可能的例外大概是卡尔·马克思，而马克思本人又深受黑格尔影响。如果没有黑格尔，那么在刚刚过去的150年里，人类思想和政治的发展道路就会是另一番模样。

单凭黑格尔的影响，理解他就很重要。但无论如何，黑格尔的哲学本身很值得研究。他深刻的思想使他得出了在今天的读者看来怪异甚至荒谬的某些结论。但无论我们对他的结论有何看法，其著作中有一些观点和洞见直到今天仍然很有力量。理解黑格尔需要付出一定的努力，但在此过程中，我们不仅能够了解这些观点和洞见，还会在克服黑格尔向我们的理解力提出的挑战之后获得满足。

无可否认，黑格尔的确提出了一种挑战。学者们在给黑格尔作注时往往会说他文字“极其难读”，“术语令人生厌”，思想“极为晦涩”。为了说明这个问题，我刚刚拿起那本被许多人称为黑格尔最伟大著作的《精神现象学》，随手翻到第596页，上面第一句完整的话是这样的：“它只是那些环节的不断更替，其中有一个环节，本身固然是已经返回于自己本身的存在，但也只是作为自为存在，即是说，只作为一种出现于一方而与另一方相对立的抽象环节。”我承认没有给出这句话的上下文，但即便如此，我们也还是能够看出理解黑格尔时所面临的困难。在厚达750页的《精神现象学》中，同样难读的句子比比皆是。

要在一本小书中为不了解黑格尔的读者阐释这样一位哲学家的工作绝非易事。为了更易处理，我做了两件事情。一是限制范围。我并未试图解释黑格尔的全部思想，因此读者将会发现，除了与我们讨论的那些著作相重合的地方，本书并未论述黑格尔在其《美学讲演录》《哲学史讲演录》《宗教哲学讲演录》或《哲学科学全书纲要》中的说法。(《哲学科学全书纲要》与其他著作的重合之处很多，该书未与其他著作重合的主要是自然哲学部分。)当然，这些略去的部分也很重要，使我稍感安慰的是，黑格尔本人大概不会认为这些部分是其哲学体系的绝对重点。不过更为严重的是，我没有对无疑被黑格尔视为其关键著作的《逻辑学》做出任何详细论述。我已试图就这部著作的目标、方法和特色给出一些说明，但《逻辑学》异常冗长和抽象，在我看来，任何关于黑格尔的简短介绍都无法对其进行充分说明。

为使初学者能够理解黑格尔高深莫测的思想，我做的第二件事是选取一条尽可能平缓的进路。因此，我从黑格尔思想中最具体、最不抽象的部分即他的历史哲学开始。从这些仍然处于社会和政治层面的内容出发，我们走向他关于自由和合理组织社会的看法。到那时我们再尝试去理解艰深的《精神现象学》，之后我们离《逻辑学》就不远了，几乎不需要多少额外的努力。

研究黑格尔的学者也许会反对我选为论述对象的那些著作或者反对讨论的次序。我已经指出，这种次序无意暗示黑格尔本人可能如何来呈现其思想。至于选择的著作，我并未声称黑格尔认为其《历史哲学》要比例如《哲学科学全书纲要》中讨论自然哲学的那部分更重要。我只知道，我没有足够的篇幅对两者都进行讨论。我确信与自然哲学相比，黑格尔的历史哲学对于现代思想的发展更为重要，而且直到今天也更能引起一般读者的兴趣。（不要被标题误导：黑格尔的自然哲学并不包括他对森林、群山的价值和美的沉思。在这部分内容中，黑格尔试图表明物理学、化学、生物学等自然科学的发现是如何与他的逻辑范畴相一致的。自那以后，黑格尔的很多说法都已变得过时，比如他认为自然界不会发展这一观点已被我们关于演化的知识所否证。）因此，我的选择受三个独立因素的制约：黑格尔思想的核心是什么；这样一本小册子能使一般读者弄懂哪些内容；对今天的读者来说还有哪些内容是有趣和重要的。

本书所表达的关于黑格尔的看法得益于许多人。在牛津大学时，我曾有幸参加J.L.H. 托马斯开设的两门出色的系列课程，他要求学生逐句解读《精神现象学》，直到理解其含义为止。对我们在那些课上所做的细致工作来说，帕特里克·加德纳关于德国唯心论的内容更广的讲座是很好的补充。我还得益于一些专著，其中最重要的是理查德·诺曼的《黑格尔的现象学》、伊凡·索尔的《黑格尔形而上学导论》、沃尔特·考夫曼的《黑格尔》以及查尔斯·泰勒的《黑格尔》。我从这些著作中随意选取了他们最出色的（我希望是这样）观点。我还要感谢罗伯特·所罗门、亨利·哈迪、基思·托马斯和牛津大学出版社的一位匿名校阅者，他们阅读了最初的打字稿，并提出了一些改进建议。

最后我要感谢琼·阿彻出色的录入工作，以及鲁思、玛丽昂和埃丝特在其暑假给我留出时间工作。

彼得·辛格

图1 黑格尔出生时他们家在斯图加特的房子

第一章

黑格尔的时代与生平

黑格尔的时代

1770年，格奥尔格·威廉·弗里德里希·黑格尔出生于斯图加特。他的父亲是符腾堡公国宫廷中一个官职不大的文职人员，其他亲戚则是教师或路德会牧师。关于黑格尔的生平，没有什么异乎寻常的事情可讲，但他所处的时代在政治、文化和哲学上都很重要。

1789年攻占巴士底狱的消息传遍了欧洲。此时华兹华斯写道：

> 活到黎明已是至幸，
> 再得青春何负此生！

此时黑格尔年近19岁。后来他也称法国大革命是“灿烂的黎明”，并说“一切思想者都分享了这个时代的欢欣”。春天的一个周日清晨，满怀这种欢欣的黑格尔曾和几位同学到郊外种下一棵自由树，象征着大革命播下的希望种子。

黑格尔21岁时，法国大革命战争已经开始，不久革命军便侵入了德国。今天我们所说的德国，当时由300多个国家、公国和自由城市组成，作为奥地利皇帝弗朗西斯一世统治之下的神圣罗马帝国松散地联合在一起。拿破仑在乌尔姆和奥斯特利茨大败奥地利人，1806年又在耶拿的战斗中摧毁了第二强大的德意志国家普鲁士的军队，一举终结了这个千年帝国。黑格尔当时生活在耶拿。也许有人以为他始终同情战败的德意志国家，但他在耶拿被法国人占领后第二天写的一封信却只表露了对拿破仑的崇敬之情："我看到皇帝——这个世界灵魂——骑马穿城而过，去检阅军队。看到这样一个人在这里集中成一点，坐在马背上，走向世界并且统治它，这的确是一种奇妙的感受。"

在拿破仑统治欧洲的整个时期，黑格尔始终保持着这种崇敬之情。而当拿破仑1814年战败时，黑格尔称之为一个悲剧，是平庸毁灭伟大天才的奇观。

1806到1814年的法国统治时期，德国发生了重大变革。在普鲁士，自由党人冯·施泰因被任命为国王首席顾问。上任后，他立即废除了农奴制，并重新组建政府。其继任者冯·哈登贝格则承诺在普鲁士建立代议制政体。但拿破仑战败后，这些希望都破灭了。普鲁士国王弗雷德里克·威廉三世对改革失去了兴趣。拖延数年之后，他于1823年建立了仅仅是临时性的"等级"（estates），这些等级只能提一些建议，而且完全受地主统治。不仅如此，1819年在卡尔斯巴德的一次会议上，所有德意志国家还一致同意审查报纸和期刊，并对宣扬革命思想的人采取镇压措施。

从文化角度来说，黑格尔生活在德国文学的黄金时代。他比歌德小20岁，比席勒小10岁，但这并不妨碍他欣赏他们的所有成熟作品。他是诗人荷尔德林的密友，与诺瓦利斯、赫尔德、施莱尔马赫、施莱格尔兄弟等德国浪漫主义运动的领导者也是同时代人。歌德和席勒对黑格尔产生了重大影响，黑格尔显然认同浪漫主义运动的一些想法，尽管他拒绝接受浪漫主义者的大部分主张。

图2 约翰·沃尔夫冈·冯·歌德（1749—1832）

不过，对黑格尔的发展影响最大的是当时德国哲学的状况。为了理解黑格尔本人思想的背景，我们需要从康德开始讲起，并简要概述康德之后的发展。

1781年，伊曼努尔·康德出版了《纯粹理性批判》。如今，这部著作被誉为古往今来最伟大的哲学著作之一。康德想要确定我们的理性或理智在知识道路上能够获得或不能获得哪些东西。他的结论是，我们的心灵并不只是被动地接受从眼睛、耳朵和其他感官得来的信息。知识之所以可能，是因为我们的心灵在主动起作用，它对我们的经验进行组织和系统化。我们是在空间、时间和实体的框架内认识世界的；但空间、时间和实体并非独立于我们而存在"在那里"的客观实在，而是我们的直观或理性的创造物，没有直观或理性，我们就无法理解世界。那么，我们也许自然会问，独立于我们把握世界的框架的世界到底是什么样子呢？康德说，这个问题永远也得不到回答。独立的实在——康德称之为"自在之物"的世界——永远超出了我们的认识。

康德生前，使其享有盛誉的不仅有《纯粹理性批判》，还有其他两部批判，即关于伦理学的《实践理性批判》和有很大篇幅关于美学的《判断力批判》。在《实践理性批判》中，康德认为人是一种能够遵守理性道德律的存在，但源于我们身体本性的非理性欲望容易使人发生动摇。于是，道德行为总要经历一番挣扎。要想取得胜利，就要压抑除了对道德律的崇敬之情以外的其他所有欲望，道德律引导我们自愿履行自己的义务。与这种认为道德仅仅基于人性理性方面的看法相反，在《判断力批判》中，康德认为审美欣赏包含着我们理解力和想象力的和谐统一。

在《纯粹理性批判》结尾，康德表达了一个愿望：沿着他所开辟的批判哲学之路，或许可以"在本世纪结束之前"取得多个

Immanuel Kant.

Geb. d. 22. Apr. 1724 zu Königsberg in Preußen, gest. d. 12. Febr. 1804 ebenda.

Der Königsberger Weltweise; Begründer einer neuen philosophischen Aera; voll tiefer Natur-Menschen- und Geschichtskenntniß. Er zieht in seiner „Kritik der reinen Vernunft" dieser ihre Grenze und beweist, daß metaphysisches Wissen, also jede Speculation über Willensfreiheit Unsterblichkeit und Gott, unmöglich sei, gelangt aber zu diesen höchsten Ideen auf dem Gebiete der Sittlichkeit durch den praktischen Gebrauch der reinen Vernunft in Auffindung der ihr erfahrungsgemas zugänglichen Sittengesetze, und der Folgerungen daraus. In seinen Hauptwerken trocken und schwerverständlich, ist er in seinen sonstigen Schriften, wie es auch sein freier begeisteter Vortrag war, lebendig, voll Witz und Laune.

图 3 伊曼努尔·康德（1724—1804）

世纪以来一直没能取得的成就，亦即“使人类理性在其求知欲任何时候都致力于从事但迄今一无所成的事情上得到完全的满足”。康德的成就是如此惊人，以至于在一段时间里，无论是康德还是他的读者似乎都认为，只需填补少量细节，全部哲学就将大功告成。然而，对康德的不满渐渐开始显现。

这种不满的第一个来源是康德对“自在之物”的看法。某种东西应当存在，但又完全不可知，这似乎是对人类理性能力的一种无法令人满意的限制。康德说我们不可能认识自在之物，但又宣称知道它存在，而且是一个“物”，这难道不是自相矛盾吗？大胆否认自在之物存在的是约翰·费希特。他断言，这样做要比康德本人更忠实于康德哲学。费希特认为，应把整个世界看成由我们能动的心灵所构成的某种东西。心灵不能认识的东西就不存在。

不满的第二个来源是康德的道德哲学所蕴含的人性分裂。在这方面，席勒在其《美育书简》中首先发难。他同样认为自己是在用康德来改进康德，因为他从《判断力批判》中借用了作为理解力与想象力之统一的审美判断模型。席勒说，我们生命的一切无疑都应是同样和谐的。把人性描绘成理性与情感的永恒分裂，把我们的道德生活描绘成两者之间的永恒争斗，这是一种退化和失败主义。席勒指出，康德也许正确描述了今天人类生活的可怜状态，但并非永远如此，也不必永远如此。在因其艺术形式的纯正而饱受赞誉的古希腊，就一直存在着理性与情感的和谐统一。因此，席勒力主恢复生活中各个方面的审美感受，以此为基础来恢复人性中久已失去的那种和谐。

黑格尔后来写道，康德的哲学“构成了近代德国哲学的基础和出发点”。我们可以补充说，费希特和席勒以不同方式指出了出发的方向。对康德的后继者来说，不可知的自在之物和人性的

图4 弗里德里希·席勒（1759—1805）

内部分裂都是需要解决的问题。

在早年的一篇文章中，黑格尔赞赏席勒对康德人性观点的反驳，特别是席勒认为，这种不和谐并非关于人性的永恒真理，而是一个有待解决的问题。但黑格尔并不同意美育是解决这一问题的途径，而是认为这属于哲学的任务。

黑格尔的生平

黑格尔在中学的学习异常出色，之后他获得了一笔奖学金，前往著名的图宾根神学院学习哲学和神学。在那里，他与诗人荷尔德林以及年纪略轻但极有天赋的哲学系学生弗里德里希·谢林开始了友谊。谢林作为哲学家闻名全国时，黑格尔还不为人所知。后来，当其声誉被黑格尔掩盖时，谢林抱怨这位之前的朋友照搬了他本人的思想。虽然现在已经不怎么有人读谢林了，但他的观点与黑格尔非常接近，如果我们未注意到在两人一致的观点上，黑格尔又提出了哪些东西，就会觉得谢林的抱怨不无道理。

完成了图宾根的学业之后，黑格尔来到瑞士的一个富人家庭做家庭教师，接着又在法兰克福做类似的工作。在此期间，他继续阅读和思考哲学问题。他撰写了宗教方面的论文，不为发表，而是为了澄清自己的思想。这些论文表明他一直在激进地思考。他把耶稣与苏格拉底相比较，并由此表明，耶稣显然是次一等的伦理教师。在黑格尔看来，正统宗教妨碍了把人恢复到和谐状态的目标，因为它迫使人自身的思考能力服从于外在的权威。直到逝世，黑格尔在一定程度上始终对正统宗教保持着这种态度。不过他的激进态度逐渐消退，后来竟然自认为是路德派基督徒，并且定期参加路德会的宗教仪式。

1799年，随着父亲的离世，黑格尔得到了一小笔遗产。他辞去家教工作，来到小国魏玛的耶拿大学找他的朋友谢林。席勒和费希特一直在耶拿，谢林现在也已经很出名，而黑格尔几乎还没有发表过什么东西。他不得不进行私人授课，依靠从少数听课学生（1801年11人，1804年30人）那里收取的少量学费贴补生活。

在耶拿，黑格尔出版了论费希特与谢林哲学之间差异的一本很长的小册子：他认为在所有情况下，谢林的观点都更可取。他一度与谢林合作编辑《哲学评论杂志》，并为其撰写数篇论文。1803年谢林离开了耶拿，黑格尔则开始准备其第一部重要著作《精神现象学》。这时他所获得的遗产已经花光，急需用钱，遂接受了一家出版商的合同，规定出版商先预付给他一笔现款，但若未能在规定的1806年10月13日之前将手稿寄出，他就会受到高额处罚。后来事实表明，正是在这一天，法军战胜普鲁士之后占领了耶拿。黑格尔不得不火速赶写该书的结尾部分，以免误了最后期限。随后他惊恐地发现自己已经别无选择，只得在交战军队到达耶拿城外所引起的纷乱中将其唯一的手稿寄出。幸好手稿平安抵达了目的地，1807年初这部著作出版了。

最初的反应即使不是热情，也是尊敬的。谢林不安地发现，该书序言中所包含的论战性攻击似乎针对的是他的观点。黑格尔在一封信中解释说，他所要批判的不是谢林，而只是其不足道的模仿者们。谢林回复说，序言本身当中并未作这种区分，因而拒绝和解。他们的友谊也就此终止。

耶拿的生活曾被法军的占领所打乱。大学既已关闭，黑格尔先去做了一年报纸编辑，然后在纽伦堡高级中学担任校长九年，干得很出色。除了较为常规的科目外，他还教学生们哲学。至于学生们的评价，我们已经无从知晓。

在纽伦堡，黑格尔的家庭生活开始安定下来。在耶拿时，黑格尔曾有一个私生子，孩子的母亲是他的女房东。据说那个女人此前曾与其他情人有过两个私生子。1811年，41岁的黑格尔娶了一个纽伦堡世家的女儿，后者年龄还不到他的一半，不过据我们所知，婚姻是幸福的。他们有两个儿子。黑格尔第一个孩子的母亲去世后，他的妻子宽厚地把那个私生子也领进了家门。

黑格尔在这些年出版了那部冗长的《逻辑学》，三卷分别于1812年、1813年和1816年出版。他的著作现已赢得更广泛的赞誉，1816年他被聘为海德堡大学的哲学教授。他在海德堡撰写了《哲学科学全书纲要》，对其整个哲学体系作了相对简短的陈述，其中许多材料在他的其他著作中都有详细论述。

黑格尔现在声名赫赫，普鲁士教育部长甚至邀请他接任具有崇高威望的柏林大学哲学教席。普鲁士的教育制度已经得益于冯·施泰因和冯·哈登贝格的改革，柏林正在成为整个德国的学术中心。黑格尔欣然接受邀请，从1818到1831年去世一直在柏林教书。

从任何方面来讲，这最后一段时期都是黑格尔生命的巅峰。他撰写出版了《法哲学原理》，讲授了历史哲学、宗教哲学、美学和哲学史。他并非传统意义上的优秀授课者，但显然令学生着迷。以下是其中一位学生的描述：

> 起初，他的授课方式和思路我都无法适应。他精疲力竭，闷闷不乐，坐在那里仿佛要瘫作一团。他低垂着头，边讲边不断翻动书页，在笔记中前后上下寻找着什么。他不住地清嗓子和咳嗽，每每打断正在讲的内容。每一句话都是独自用力吐出的，混乱而细碎。……要想拥有流畅而雄辩的口才，讲演者需要完全吃透主题并牢记在心。……但这个人却不得

不从事物的最深处提炼出最强大的思想。……无法想象还有什么能比黑格尔的授课方式更为生动地表达出那些困难而艰巨的问题。

如今，黑格尔吸引了来自整个德语世界的大批听众，其中许多颇具才华的人成了他的弟子。黑格尔去世后，这些人编辑出版了他的讲课笔记，并附上自己听课时所记下的黑格尔言论。黑格尔的《历史哲学讲演录》《美学讲演录》《宗教哲学讲演录》以及《哲学史讲演录》等几部著作都是以这种方式流传下来的。

1830年，地位得到认可的黑格尔当选为柏林大学校长。次年，61岁的他突然病倒，翌日即在睡梦中与世长辞。他的一位同事写道："多么可怕的空虚！他是我们大学的台柱子。"

第二章

有目的的历史

黑格尔很重视历史。康德认为可以在纯粹哲学的基础上讨论人性是什么以及必须是什么，而黑格尔则认同席勒的看法，即人类境况的基础可以随历史时期的不同而发生改变。这种变化的观念，这种贯穿在历史中的发展观念，对于黑格尔的世界观来说是非常基本的。弗里德里希·恩格斯在回顾黑格尔对他本人及其同事卡尔·马克思的重要意义时曾写道：

> 黑格尔的思维方式不同于所有其他哲学家的地方，就在于他的思维方式有罕见的历史感作基础。无论所运用的形式多么抽象和唯心，他的思想发展总是与世界历史的发展相平行，事实上，后者据说只是对前者的验证。

我们暂且不必关心恩格斯最后所说的——关于世界历史的发展是黑格尔思想体系的“验证”——这句话的含义，因为引起恩格斯注意的黑格尔思想发展与世界历史发展之间无疑具有的那种平行已经足以说明，我们用黑格尔对世界历史的理解来切入其思想体系是有正当理由的。

由恩格斯这段话还可以看出，在评价黑格尔对马克思和他本人的重要影响时，他把黑格尔的历史感置于首位。因此，在开始介绍黑格尔的《历史哲学》时，我们先从这样一个主题开始，它不仅对黑格尔的体系，而且对其思想的持久影响都至关重要。

什么是历史哲学？

首先要知道“历史哲学”在黑格尔那里是什么意思。黑格尔的《历史哲学》包含了大量历史材料，其中可以看到某种世界历史纲要。从中国、印度和波斯的早期文明开始，经由古希腊到罗马时代，它追溯了欧洲历史的发展道路，从封建制到宗教改革一直到启蒙运动和法国大革命。不过，黑格尔显然并不认为他的《历史哲学》仅仅是一个历史纲要。这是一部哲学著作，因为它把纯粹的历史事实当作原始材料，并试图超越这些事实。黑格尔说：“历史哲学只不过是对历史的深思罢了。”这虽然可能是他本人的定义，但并没有充分表达他在《历史哲学》中所要表达的意思。黑格尔的定义没有说，根据他的意图，对历史的“深思”应试图把原始材料呈现为一种理性发展过程的一部分，从而揭示出世界历史的意义。

这里我们已经有了黑格尔的一个核心信念——相信历史有某种意义。倘若黑格尔的历史观像麦克白的人生观一样阴郁，也就是说，把历史看成“一个白痴所讲的故事，虽然滔滔不绝、充满愤怒，却毫无意义”，那么他永远也不会尝试撰写《历史哲学》，其一生的工作也会变得面目全非。当然，现代的科学看法与麦克白很相近。它说，我们这颗行星仅仅是大得无法想象的宇宙中的一粒微尘。在这颗行星上，生命起源于气体的偶然结合，然后在自然选择的盲目力量下发生演化。与关于物种起源的这种看法相一致，大多数现代思想都拒绝承认，除了创造历史的无数个人的无数目的之外，历史还有什么最终目的。而在黑格尔的时代，他自信人类历史并非各种事件的无意义堆积，这并不稀奇——事实上，即使在今天，它也没有超出正常范围，因为宗教思想一直试图从人类历史的发展进程中看出意义，即使这种历史只有作为尚未到来的一个更美好世界的序幕才有意义。

关于历史有意义这一说法，可以从许多角度来理解。既可以将它理解为，历史实现了某个发动整个历史进程的造物主的目的，也可以更加神秘地将它理解为是想暗示宇宙本身就可能有目的。此外，还可以去除"历史有意义"这一断言的所有宗教的或神秘的含义，只把它理解成一种较为狭窄的说法，即反思过去能使我们看清历史的走向及其最终目标；如果幸运的话，该目标将是令人向往的，因此可被视为我们的奋斗目标。

对应于对历史有意义的不同理解，我们也可以从不同角度来理解黑格尔的《历史哲学》。根据把握黑格尔思想的总体策略，我们先来讨论这部著作中的这样一些要素，它们将上述理解方式中的第三种即最少神秘色彩的意义赋予了历史。

在《历史哲学》的导言中，黑格尔清晰阐述了他所认为的整个人类历史的方向和目标："世界历史不过是自由意识的进步罢了。"这句话为全书设定了主题。（我们甚至可以说，它概括了黑格尔全部思想的主题——不过这一点我们稍后再谈。）现在我们来看看黑格尔是如何详细阐述这一主题的。

黑格尔先是论述了他所谓的"东方世界"，即中国、印度和古代波斯帝国。黑格尔认为，中国和印度是"停滞的"文明，社会一旦发展到某一点便动弹不得。他称这些文明"处于世界历史之外"，换句话说，它们并非构成黑格尔历史哲学基础的整个发展过程的一部分。真正的历史开始于波斯帝国。黑格尔说，这是

“逝去的第一个帝国”。

黑格尔对东方世界的讨论包含许多细节，所有这些细节都与一种想法有关，那就是在东方社会，只有统治者一个人才是自由的个体，所有其他人都完全缺少自由，因为他们的意志必须服从于族长、喇嘛、皇帝、法老或其他什么专制者的意志。这种自由的缺乏达到了很深的程度。专制者的臣民们知道，如果不服从专制者的意志，就会受到残酷的惩罚。不仅如此，这似乎还暗示他们有自己的意志，可以思考而且的确思考过服从专制者是否明智或正确。黑格尔说，事实上，东方的臣民并无现代意义上的个人意志。在东方，法律甚至是道德本身都是一种外在的规定。那里缺乏个人良知的概念，因此个人根本不可能形成关于对错的道德判断。对东方人来说，除统治者外，关于这些问题的看法都来自于外界；它们是关于世界的事实，和高山海洋的存在一样无须质疑。

根据黑格尔的说法，这种个人独立性的贫乏在不同的东方文化中有不同形式的表现，但结果总是一样的。黑格尔告诉我们，中国人的国家是基于家庭原则建立起来的。政府以皇帝所实施的家长式的管理为基础，所有其他人则自视为国家的孩子。正因如此，中国社会非常强调人要尊敬和服从父母。而印度则没有个人自由的观念，因为其基本社会制度——给每一个人都指定了职业的种姓制度——并未被看成政治制度，而是被看成某种自然的、从而不可改变的东西。因此在印度，统治性的力量不是专制的人，而是自然的专制。

波斯就不同了。虽然初看起来波斯皇帝似乎是与中国皇帝大体相同的专制君主，但波斯帝国的基础并不只是自然的家庭服从扩展到整个国家，而是对臣民和统治者都有约束力的一般原则或法律。因为波斯是一个神权统治的君主政体，其基础是

图 5 佛陀乔达摩 · 悉达多（约公元前 563—前 483）

崇拜光明神的琐罗亚斯德教。黑格尔很重视光明这一观念，认为它是某种纯粹和普遍的东西，就像太阳一样平等地普照万物和恩泽万物。当然，这并不意味着波斯是平等主义的。皇帝依然是专制君主，因此是帝国中唯一的自由人。但他的统治建立在一般原则的基础之上，而且未被看成自然事实，这意味着发展是有可能的。这种建立在理智原则或精神原则基础上的统治观念，标志着黑格尔想要追溯的自由意识发展的开端。因此，波斯是“真正历史”的开端。

希腊世界

在波斯帝国，自由意识的发展是有潜力的，但这种潜力在帝国的结构之下不可能实现。然而，波斯帝国在扩张过程中接触到了雅典、斯巴达等古希腊城邦。波斯皇帝要希腊人承认其霸权，但遭到拒绝，遂集结起庞大的军队和舰队，与希腊舰队在萨拉米斯展开了激战。黑格尔说，这场英勇的战役是力图把世界统一在一个最高统治者之下的东方专制者与承认“自由个体”原则的各个城邦之间的较量。而希腊人的胜利意味着，世界历史的潮流从专制的东方世界转移到了希腊城邦世界。

虽然黑格尔认为自由个体的观念为希腊世界赋予了生气，但他也认为，在这一历史阶段，个体自由还远没有得到充分发展。他之所以认为希腊的自由观念有局限性，乃是出于两点理由。一个直接，一个更复杂。

直接的理由是，希腊的自由观念允许奴隶制。事实上，“允许”一词太弱了些，因为在黑格尔看来，希腊的民主形式要想能够运作，就必定需要奴隶制。比如在雅典，如果每一位公民都有权利和义务参加作为城邦最高决策机构的公共集会，那么谁来做日常工作以提供生活之所需呢？因此必须有一类劳动者，他们不享受公民权利也不承担公民义务，换句话说，必须有奴隶。

在东方世界，只有**一个人**即统治者是自由的。奴隶制的存在意味着希腊世界已经发展到这样一个阶段，此时有**一些人**——不是所有人——是自由的。但黑格尔认为，即使是希腊城邦的自由公民也只有一种不完全的自由。他这样说的理由并不容易把握。黑格尔声称，希腊人没有个人良知的观念。正如我们所看到的，黑格尔认为东方世界也缺乏这一观念。但东方人毫无反思地服从上层传下来的道德规范，而希腊人的行为动机却发自他们的内心。根据黑格尔的说法，希腊人习惯于为自己的国家活着而不做进一步反思。这种习惯并非源于对某种抽象原则的接受，比如主张每个人都应为自己的国家而行动。事实上，希腊人习惯于认为自己与其特定的城邦密不可分地联系在一起，以至于不会区分他们自身的利益和他们所处的共同体的利益。他们无法设想自己脱离或反对这个共同体及其所有习俗和社会生活方式。

所有这些都意味着，希腊人真心愿意去做对共同体最有益的事。这表明，希腊人在某种程度上是自由的，但东方人有所不同。希腊人根据自己的意愿去做事，而不是按照外在命令的要求去做。但黑格尔说，正因为动机来得如此自然，所以这种自由是不完整的。无论培养而成的习惯和习俗会带来什么结果，这些结果都不是源于对人的理性的运用。如果我是出于习惯而做某事，那么我就并非有意为之。可以说，即使没有专制者告诉我做什么，而且行为的动机看起来也发自内心，我的行动也仍然受制于我的意志之外的力量，受制于使我形成习惯的社会力量。

作为依赖于外在力量的一种表现，黑格尔提到希腊人在从事任何重要的冒险行动之前都喜欢征求神谕作指导。神谕的建议有可能基于一个献祭动物的肠子的状态，或者基于其他某个全然独立于当事者本人思想的自然事件。真正自由的人决不会让最重要的决断由这些事件来决定，而是会用自己的理性能力做出决断。理性能使自由的人超越自然世界的偶然事件，并对影响他的环境和力量做出批判性的反思。因此，没有批判性的思考和反思就不可能完全获得自由。

于是，批判性的思考和反思乃是进一步推动自由发展的关键。来自希腊神阿波罗的诫命敦促希腊人沿这条道路前进："人啊，认识你自己！"不受习惯信念的束缚，进行自由探索，这一号召为希腊哲学家尤其是苏格拉底所接受。苏格拉底通常会以一种对话形式来表达自己的观点，其对话者是某位雅典俊杰，后者自认为很清楚什么是善、什么是正义。事实证明，这种"知道"只不过是随声附和一些关于善或正义的流行说法罢了。苏格拉底毫不费力就能表明，这种习惯性的道德观念不可能充分。例如，针对通常认为的正义就是物归原主，苏格拉底举出一种情形：一位朋友借给你一件武器，但此后变得精神错乱了。你也许欠他这件武器，但将其归还真的就正义吗？就这样，苏格拉底引导其听众对自己一直以来所接受的习惯性道德准则进行批判性的反思。这种批判性反思使理性而非社会习俗成为对与错的最终评判者。

黑格尔把苏格拉底所例证的原则看成反对雅典城邦的一种革命性力量，因此他认为判处苏格拉底死刑是无可指摘的：雅典人宣判的是使其集体得以维系的传统道德的最危险敌人。但独立思考的原则深深地植根于雅典人心中，一个人的死并不能将其根除。因此，指控苏格拉底的人最终被判刑，苏格拉底本人也在死后被证明无罪。然而，这一独立思考原则却是雅典衰落的最终原因，它标志着希腊文明在世界历史中扮演的角色开始走向尽头。

罗马世界

与构成希腊城邦基础的那种无反思的习惯性统一体相对照，黑格尔说罗马帝国由不同民族所组成，缺少任何自然的族长纽带或其他习惯性纽带，因此需要在暴力的支持下以最严厉的纪律组织在一起。这便使罗马在世界历史下一阶段的统治像是回到了以波斯帝国为典型的东方专制模式。但正如黑格尔所显示的，世界历史的进程虽然肯定不是一帆风顺、稳步前进，但也不是倒退。前一时代所获得的东西绝不会完全丧失。因此黑格尔认真区分了罗马帝国和波斯帝国背后的原则。产生于希腊时代的个体性观念以及个人有能力做出判断的观念并未消失。事实上，罗马帝国的基础是这样一种政治体制和法律制度，它把个人权利当作其最基本的观念之一。因此，罗马帝国对个人自由的认可是波斯帝国从未达到的。当然，潜在困难是，这种对个人自由的认可纯粹是法律或形式上的——黑格尔称之为“抽象的个人自由”。允许个人发展出各种思想和生活方式的那种真正的自由——黑格尔称之为“具体的个体性”——则被罗马的冷酷暴力无情地摧毁了。

于是，波斯帝国与罗马帝国之间的真正差异在于，东方专制主义原则肆意主导着波斯帝国，罗马帝国则一直在国家的专制权力与个体性的理想之间保持着张力。波斯帝国尚未发展出个体性理想，因此缺少这种张力。希腊世界也缺少这种张力，因为虽然个体性的观念已经初现端倪，但政治权力尚未残酷无情地集中起来与之对抗。

正如黑格尔所描绘的，罗马世界并非幸福之地。希腊世界那种充满快乐的、自发的自由精神已经不复存在。面对着表面上必须服从的国家命令，只有退回到内心，躲进斯多亚主义、伊壁鸠鲁主义或怀疑论那样的哲学中才能找到自由。我们在此无须关心这些相互对立的哲学流派的细节，重要的是它们都倾向于蔑视现实世界所提供的一切——财富、政治权力、世俗荣耀——并希望用一种生活理想取而代之，这种理想要求其信奉者对外在世界所发生的一切都绝对无动于衷。

根据黑格尔的说法，这些哲学流派之所以能够流传蔓延，是因为自视为自由人的个体面对着专横跋扈的权力必定会感到无能为力。然而，退回到哲学之中却是对这种境况的一种消极回应，是面对着充满敌意的世界所提出的一种令人绝望的建议。这里需要的是一种更加积极的解决办法，而基督教提供了这种办法。

要想理解黑格尔为什么这样看基督教，就必须知道，在黑格尔看来，人类并不仅仅是非常聪明的动物。人类和动物一样生活在自然世界中，但他们也是精神性的存在。在认识到自己是精神性的存在之前，人类一直深陷于自然界，即那个物质力量的世界。当自然界像罗马世界一样执意阻碍人类对自由的渴望时，自然界**内部**无处可逃，除非像上面提到的那样退回到一种对自然界持纯粹负面态度的哲学中去。然而，一旦人类认识到自己是精神性的存在，自然界的敌意就不再那么重要了；它能以积极的方式被超越，因为自然界之外有某种积极的东西。

根据黑格尔的说法，基督教之所以特殊，是因为耶稣基督既是人，又是上帝的儿子。这便教导我们，虽然人在某些方面有局限性，但他是按照上帝的形象创造出来的，人的内部有一种无限价值和永恒使命。结果便发展出了黑格尔所谓的“宗教的自我意识”，即认识到我们真正的家不是自然世界，而是精神世界。要想获得这种认识，人就必须打破自然欲望乃至整个自然生存施加给他的束缚。

认识到人类的精神本性对于他们是根本的东西，这正是基督教的任务。然而，这并非一蹴而就，因为所需要的不仅是内心的虔诚。基督徒虔诚内心中所发生的变化还必须对外在现实世界加以改变，使之能够满足作为精神存在的人类的要求。正如我们将要看到的，为了能够实现这一点，人类从整个基督教时代一直走到了黑格尔的时代。

没过多久，希腊时代所特有的那些对自由的限制的确被废除了。首先，基督教反对奴隶制，因为每一个人类成员都具有相同的、本质上的无限价值。其次是不再依赖神谕，因为神谕代表着自然界的偶然事件对精神存在者的自由选择的支配。第三，大体上出于同样的理由，希腊社会那种习惯性的道德被一种以精神性的爱的观念为基础的道德所取代。

基督教在罗马帝国时期开始崭露头角，在君士坦丁大帝治下则成为国教。虽然西罗马帝国因蛮族入侵而陷落，但拜占庭帝国在1000多年的时间里一直信仰基督教。不过在黑格尔看来，这是一种停滞而颓废的基督教，因为它试图用基督教的虚假外表来粉饰那已经烂透了的组织结构。需要一个新的民族来实现基督教的最终宿命。

日耳曼世界

也许有点奇怪，黑格尔竟然把从罗马帝国陷落直到近代的整个历史时期都称为“日耳曼世界”。他使用的术语是“日耳曼的”（*Germanische*）而不是“德国的”（German），不仅包括严格意义上的德国，而且包括斯堪的纳维亚、荷兰甚至是不列颠。我们将会看到，意大利和法国的发展也没有被忽视，尽管他在这里用“日耳曼的”一词把这些国家包括在内缺乏语言学和种族关系上的理据。我们也许会料想，黑格尔把这个时代称为“日耳曼世界”可能有某种种族优越感。但他这样做的主要理由是，他把宗教改革看成了自罗马时代以来唯一关键的历史事件。

黑格尔把自罗马帝国陷落以来1000年的欧洲描绘成一幅黑暗的图景。他认为在此期间，教会已经成为真正宗教精神的一种堕落，它把自己强行置于人与精神世界之间，坚持要信奉者们盲目地服从。用黑格尔的话来说，中世纪是“一个多事而可怕的漫长黑夜”。文艺复兴结束了这个黑夜，“漫长的暴风雨过后，黎明的曙光第一次预示了光辉灿烂的白天再次来临”。然而，黑格尔所说的我们现时代明媚天空中“普照万物的太阳”是宗教改革而不是文艺复兴。

宗教改革缘于教会的腐败。在黑格尔看来，产生这种腐败并非偶然，而是教会不把上帝当作纯精神的事物、反而在物质世界中体现它的必然结果。它的基础是礼节、仪式和其他外在形式，遵守这些被视为宗教生活的本质。就这样，人类的精神要素被禁锢于纯粹的物质对象之中。这种根深蒂固的腐败的最终表现，就是为了最世俗的金钱去出售某种涉及人类最深刻和最内在本性的东西，即由赦罪所带来的灵魂安宁。黑格尔当然是指引发路德抗议的出售“赎罪券”的做法。

黑格尔视宗教改革为日耳曼民族的一项成就，认为它源于“其内心的坦诚和质朴”。在黑格尔看来，“质朴”和“内心”是宗教改革的基调。宗教改革是由一位质朴的德国修士路德发起的，而且只在日耳曼国家扎下了根。它废除了罗马天主教会的浮华和仪式，认为每个人内心之中都有一种与基督的直接精神联系。

然而，如果把宗教改革看成某个被称为“宗教”的孤立生活领域中的一个事件，那将与黑格尔对宗教改革的看法完全相反。一方面，黑格尔总是强调我们历史发展的不同方面之间的内在关

图6 马丁·路德（1483—1546）

联；另一方面，正如我们已经看到的，人类要想实现其精神本性，仅仅完善其宗教生活是不够的，还必须把他们生活的世界变得与自由精神相适应。因此黑格尔认为，宗教改革远不只是抨击旧的教会并用新教取代了罗马天主教。宗教改革宣称，每一个人都能认识到其自身精神本性的实质，并能获得自身的拯救。无须外在的权威来诠释《圣经》等圣典，也无须举行仪式，个人的良知便是真理和善的最终仲裁者。在断言这一点时，宗教改革展开了"自由精神的旗帜"，并宣告了它的根本原则："人天性就注定是自由的。"

自宗教改革以来，历史的任务不过是按照这个根本原则来改变世界。这项任务并不小，因为如果每个人都能自由地运用理性的力量去判断真理和善，那么只有符合理性标准，世界才能得到普遍赞同。因此，必须使所有社会制度——包括法律、财产、社会道德、政府、政体等等——符合理性的普遍原则。只有到那时，个人才能自由地选择接受和支持这些制度。只有到那时，法律、道德和政府才不再是自由的主体不得不服从的任意规定和权力。只有到那时，人类才将是自由的，并与他们生活的世界完全地和谐一致。

要使所有社会制度都与理性的普遍原则相符合，这听起来像是启蒙运动的主张。让一切事物服从于清晰冷静的理性之光，拒绝接受任何基于迷信或世袭特权的东西，这正是伏尔泰、狄德罗等18世纪法国思想家的学说。在黑格尔叙述的世界历史中，启蒙运动以及继之而来的法国大革命的确是下一个——几乎是最后一个——事件。但黑格尔对法国大革命的态度并不完全符合他对宗教改革本质的评论给人的预期。

黑格尔认为，法国大革命源于法国哲学家对现存阶层的批判。大革命之前的法国有一批贵族，他们没有实权，却享有大量毫无理性基础的特权。针对这种完全非理性的事态，哲学家们的人权观念得到认可并取得了胜利。黑格尔明确指出，他认为这一事件具有重要意义。

> 自从太阳处于天穹，行星围绕着它旋转以来，人类从未察觉到，人的生存以他的头脑即思想为中心，并且在其启发下构筑现实世界。……直到现在，人类才进而认识到这条原则，即思想应当统治精神实在。因此这是一个光辉灿烂的精神黎明。一切有思想的存在都分享了这个新纪元的欢欣。

然而，这个"光辉灿烂的精神黎明"的直接后果却是大革命的恐怖。这种形式的暴行没有法律手续便行使权力，并用断头台上的瞬间毙命作为惩罚。是什么地方出了错？错误就在于试图施行纯粹抽象的哲学原则，而没有考虑人民的意向。这种做法乃是基于对理性角色的误解。理性绝不能脱离现存共同体和组成它的人民来使用。

因此，法国大革命本身是一种失败。然而，其世界历史意义却在于它传播到其他国家，特别是德国的那些原则。拿破仑的短暂胜利足以给德国带来权利法典，使之建立起个人自由和所有权自由，使最有才能的公民担任国家公职，并废除封建义务。君主仍然处于政府的顶端，其个人决定是最终的裁决。但黑格尔说，由于有牢固确立的法律和稳定的国家机构，留给君主本人去决定的"实际上都不是大事"。

黑格尔对世界历史的叙述现在已经到了他自己的时代，所以也行将结束。他在结尾时（以略为不同的表述）重复了他在全书开头所引入的主题——"世界历史不过是自由观念的发展罢

图 7 攻占巴士底狱,1789 年,标志着法国大革命的开端

了”，并暗示自由观念的进步现已达到顶点。所需要的有两方面：一是个人应当根据自己的良知和信念来管理自己，二是客观世界即那个有着各种社会政治制度的现实世界也应当合理地组织起来。仅有根据自己的良知和信念来管理自己的个人是不够的，那还只是“主观的自由”。只要客观世界还没有被合理地组织起来，根据自己的良知去行动的个人就会与它的法律和道德发生冲突。因此，现有的法律和道德将会反对他们并限制其自由。而一旦客观世界被合理地组织起来，根据自己良知行事的个人就可以自由地选择行为而与客观世界的法律和道德相一致。到那时，自由将同时存在于主观层面和客观层面。自由将不再受到限制，因为个人的自由选择与整个社会需要之间将是完全和谐的。自由的观念将会成为现实，世界历史也将达到它的目标。

这一终结的确形成了高潮，但它留下了一个明显的悬而未决的问题。对道德、法律和其他社会制度的合理组织会是什么样子？什么是真正合理的国家？在《历史哲学》中，黑格尔几乎没有谈及这个问题。他对当时德国令人鼓舞的描绘，以及同时给出的自由观念的进步已经达到顶点这一陈述，都只能意味着他相信自己的国家在他那个时代已经是一个合理组织的社会。不过他并没有明言这一点，他对近代德国的描述太过简要，我们弄不清楚为什么他所描述的这些特殊安排要比之前的所有统治形式更为合理。

之所以过于简要，可能仅仅是因为《历史哲学》是授课讲义。众所周知，大学授课在临近课程结束时往往会发现时间不够。但同样有可能，黑格尔在《历史哲学》中有意极少谈及这一主题，因为这乃是其《法哲学原理》的主要焦点。为了更完整地刻画黑格尔所理解的那种合理组织的因而是真正自由的共同体，我们必须转向这部著作。

第三章

自由与共同体

一个谜

我们已经看到，黑格尔认为一切历史事件都导向自由这一目标。《历史哲学》的结尾暗示，这一目标或许已经达到了。但黑格尔几乎没有说明为什么普鲁士（或者当时其他任何德意志国家）应被视为3000年的世界历史一直在追求的那个辉煌结果。黑格尔讲授历史哲学课程时，冯·施泰因和冯·哈登贝格所领导的普鲁士自由改革时期已经结束。统治普鲁士的是国王和其他几个有权势的家族，它缺少一个重要的议会。国家在运转过程中，违反绝大多数公民的意见，强制执行严格的审查制度。黑格尔怎么会把这样一个社会当作人类自由的顶峰呢？难怪德国哲学家阿图尔·叔本华在谈到黑格尔时说："政府把哲学当成服务于国家利益的手段，而学者则把它当作职业。"也难怪卡尔·波普尔会认为黑格尔有一个目的，那就是"向开放的社会宣战，从而服务于他的主子——普鲁士的弗雷德里克·威廉"。

在本章，我将试图解释黑格尔的自由概念。我认为，无论黑格尔是出于何种动机，他关于这一主题的思考都必须得到认真对待，因为它深入切中了我们在谈论一个社会是否自由时通常的假定。

我们已经看到，在《历史哲学》的导言中，黑格尔说世界历史不过是自由意识的进步罢了。没过几行他又说，“自由”“是一个不明确的词，极为含糊，……容易导致无数误解、混乱和错误”。不幸的是，他拒绝给出进一步的定义，而是说自由的根本性质要在解释世界历史的过程中“去展示”。这并不能令人完全满意。对《历史哲学》的考察也许已经使我们对黑格尔所理解的自由有了一个初步印象，但如果是这样，这个初步印象就迫切需要我们进一步阐明黑格尔在《法哲学原理》中更为明确的看法。

首先要谈谈标题。对英语读者来说，“法哲学”（Philosophy of Right）会让人觉得与对错（right and wrong）有关，或者说研究的是伦理学。在黑格尔的《法哲学原理》当中，伦理学的确占据着突出地位，但该书的主题更接近于政治哲学。黑格尔标题中被译成“法”的德文词是Recht，可以指“正当的”（right），但也有更广的关联，包括“法”在内，即整体意义上的“法”（the Law），而不是某一特殊的“法律”（law）。因此《法哲学原理》表达了黑格尔关于伦理学、法学、社会和国家的哲学思想。由于自由始终是黑格尔关注的核心，所以《法哲学原理》包含着黑格尔在社会和政治领域关于自由最详细的讨论。当然它也包含着对其他议题的讨论，但是为了继续理解自由这一重要概念，我将不去考虑那些议题。

抽象的自由

我们不妨从熟悉的东西开始谈起。考虑一种观点，或可称为古典自由主义的自由观。自由主义者一般认为，自由就是不受约束。如果别人不干涉我并且不强迫我做不愿做的事，那我就是自由的。当我可以随心所欲地做事时，我是自由的。当我一个人时，我是自由的。在其著名论文《两种自由概念》中，以赛亚·伯林把这种自由概念称为“消极自由”。

黑格尔很熟悉这种自由概念，但伯林和其他许多当代自由主义者和自由意志主义支持者把它看成最可取的自由形式，黑格尔则把它称为形式的自由或抽象的自由，意指它有自由的形式，但没有自由的实质。他写道：“如果有人说自由就是可以为所欲为，那么我们只能认为，这种看法表明思想完全没有成熟，因为它对于绝对自由的意志，对于正确的道德生活等等没有丝毫的认识。”黑格尔对这种自由概念的反驳是，它把个人选择看成一种基础，认为自由必须从这里出发，至于这些选择如何做出以及为何做出，秉持这种自由观的人却不去追问。黑格尔则确实问了这个问题，他的回答是：那种脱离其他任何事物来考虑的个人选择乃是任性状况下的产物，所以并不是真正自由的。

这似乎有些专横。黑格尔如何敢说我们的选择是任性的，而他的选择却是真正自由的呢？这不是明目张胆要把他的价值观强加给我们吗？

也许是这样。但如果我们考虑当代的一个类似争论，也许就会更加赞同黑格尔所要表明的观点了。一些经济学家认为，要想知道一种经济制度运转得如何，恰当的检验是看它在多大程度上能使人满足自己的偏好。这些经济学家把个人偏好当作评价的出发点，而没有追问这些偏好是如何产生的。这些经济学家说，从众多偏好中进行选择，给某些偏好以更大的重要性（持有偏好的个人所赋予这些偏好的不同重要性除外），将是明目张胆地否认人们有能力判断什么是生活中真正需要的东西，从而把自己的价值观强加于他人。

图 8　以赛亚·伯林（1909—1997）

我将把这些经济学家称为“自由派经济学家”。自由派经济学家有其批判者，我称之为“激进派经济学家”。激进派经济学家在同意把个人偏好当作评价经济制度运转如何的唯一基础之前，会追问个人偏好是如何形成的。他们举出了下面这样的例子：假定在某一时期，我们的社会把正常人体的气味看成理所当然的。对于出汗和可能闻到人身上的汗味这样的事情，人们几乎注意不到，即便注意到，也不会认为令人不快。这时有人发明了一种产品，它能有效地抑制出汗和气味散发。这项发明很有意思，但在我们描述的那个社会里，对此项产品有兴趣的人寥寥无几。然而，我们的发明者不愿轻易放弃。他精心策划了一场广告战，旨在让人们为自己是否比别人出汗更多、朋友们是否会对自己的体味产生厌恶而感到不安。他的广告很成功，人们发展出了使用这种新产品的偏好。而且由于产品价格处于可承受范围之内，很多人都买得起，人们也有能力满足这种偏好。从自由派经济学家的立场来看，所有这些都没有什么问题。在这种经济运转方式中，他们看不出有什么比其他方式不好的地方。而激进派经济学家却认为，这显然是荒谬的。为了避免这种荒谬性，他们认为经济学家必须去研究偏好的基础这一难题，在评价一种经济制度时，不应看它是否能够满足任何偏好，而应看它是否能够满足那些基于真正的人类需要或有助于真正的人类幸福的偏好。激进派经济学家承认，如果采用他们的方法，我们就不能声称自己的评价是价值中立的。但他们补充说，任何评价经济制度的方法都不可能是价值中立的。自由派经济学家所使用的评价方法仅仅是把满足现有偏好当作其唯一的价值标准。因此，虽然它假装很客观，这种方法的使用已经隐含着一种价值判断。自由派经济学家实际上是对影响人们偏好的任何偶然情形都给予认可。

这场争论显然很像黑格尔与那些把自由定义为可以为所欲为的人之间的争论。消极自由的概念就像自由派经济学家关于一个好的经济制度的构想：它拒绝追问我们随心所欲地做事时所感到的“愉快”是由什么影响所致。持这种自由观的人断言，追问这样一个问题并以对它的回答来区分出哪些选择是真正自由的、哪些自由选择仅仅是形式上的而非实质性的，这乃是把一个人自己的价值观写进了自由观之中。和激进派经济学家一样，黑格尔的反驳是：消极自由观已经以一种价值观为基础了，那就是基于选择行动的价值观，不论这种选择是如何形成的或者有多么任意。换句话说，消极自由观对影响人们选择方式的任何情形都给予认可。

人为创造出新的偏好，以便通过满足人们的这些偏好去牟利，如果你同意必须反对这样一种经济制度，那么你一定会认为激进派经济学家是有道理的。要把有助于真正人类幸福的偏好与那些无益的偏好区分开固然很困难，在这一点上甚至都无法达成一致，但不能因为这项工作困难就原封不动地接受所有偏好。

如果你认为激进派经济学家有道理，那么你距离认为黑格尔有道理就只有一小步之遥了。事实上，甚至连一小步都没有，因为黑格尔预见到了激进派经济学家立场的核心观点，加尔布雷斯、万斯·帕卡德等工业经济的批评者使这一观点在当代流行起来。下面这段话虽然是黑格尔在消费社会初兴时写的，但对其发展方向已经有了充分察觉：

> 英格兰人所谓的“舒适”是某种不可耗尽的、无法限制的东西。别人可以向你表明，你在任何阶段所认为的舒适其实是不舒适，而这些发现是没有穷尽的。因此，对于更大舒

适的需求并非直接产生于你，而是希望从中牟利的那些人创造出来的。

这段话出现在《法哲学原理》考察黑格尔所谓“需求体系”的一节中，此前则提到了亚当·斯密、萨伊和大卫·李嘉图等古典自由经济理论的伟大人物。黑格尔对这一“需求体系”的批判表明，今天的激进派经济学家本质上已经接受了他反对自由经济社会观的理由，而这理由的背后则是黑格尔理智而可靠的历史透视。黑格尔从未忽视一个事实，即我们的需求和欲望是我们生活于其中的社会所塑造的，而这个社会又是历史进程中的一个阶段。因此，抽象的自由，那种随心所欲的自由，实际上受到了我们时代社会和历史力量的左右。

现在看来，作为对消极自由概念的批判，黑格尔的观点显得非常有道理。然而，他打算用什么东西来取代它呢？我们必然生活在特定历史时期的某个特定社会中，必然被我们生活的社会和时代所塑造。那么，除了被社会和历史力量引导着自由行动，自由还能是什么呢？

自由与义务

我们的某些欲望出自我们的本性，比如食欲是我们与生俱来的，或如性欲，我们生来就有发展它的潜能。许多其他欲望则一般是由我们的抚养、教育、社会和环境形成的。无论这些欲望的来源是生物的还是社会的，事实是在每一种情况下我们都无法选择它们。由于这些欲望不是自己选择的，所以我们从欲望出发来行事并不是自由的。

这一论点让人想起了康德而不是黑格尔，但黑格尔沿着这一思路走了下去。让我们作进一步探讨。如果我们从欲望出发来行事是不自由的，那么通往自由的唯一可能道路似乎就是清除掉人的所有欲望。但这样一来还剩下什么呢？康德的回答是理性。行为的动机可以来自欲望，也可以来自理性。除去了欲望，我们就剩下了纯粹的实践理性。

行为仅仅基于理性——这种思想并不容易把握。我们往往会谈及一个人的行为是合理的或不合理的，但此时我们通常都是相对于这个人的最终目的或目标来谈的，这些目的都是建立在欲望基础上的。例如，当我们听说年轻而有天分的女演员海伦试图打入电影界时，我也许会说，她因吃了过多甜食而变得丰满是不合理的，但如果问我海伦想当电影明星是否合理时，我能说什么呢？我只能说这种欲望太基本了，以至于谈不上合理还是不合理：它只是关于这个女人的一个赤裸裸的事实。有没有关于合理或不合理的判断不是基于这种基本欲望的呢？

康德说可以有。当我们去除了所有特殊欲望甚至是最基本的欲望时，我们就剩下了合理性的纯形式要素，这个纯形式要素就是道德律自身的普遍形式。这便是康德著名的“绝对律令”，他是这样说的：“只按照你同时认为也能成为普遍律令的准则去行动。”

这里最令人费解的一步是从纯形式的合理性进到某种普遍性的观念。康德认为——黑格尔显然也赞同——理性无疑是普遍的。如果我们知道所有人都会死，并且苏格拉底是人，那么由推理的法则便可得知，苏格拉底会死。告诉我们这一点的推理法则是一个普遍法则。它不仅适用于希腊人或哲学家甚至是整个人类，而且适用于一切理性的存在者。在实践推理（即关于做什么的推理）过程中，这种普遍要素往往被一个事实所掩盖，即我们是从绝非普遍的特殊欲望出发的。让我们看看下面这则实践推理:“我想变得富有;我能从我的雇主那里骗来100万美元而不被发现;因此我应该欺骗雇主。”这则推理是从我想变得富有这一欲望出发的。这种欲望没有任何普遍性。(不要受许多人渴望变得富有这一事实的误导。作为我推理起点的欲望是:我,彼得·辛格,应当是富有的。而很少有人会和我共有这一欲望。)由于这则推理的出发点没有任何普遍性,所以它的结论也没有普遍性,它肯定不能适用于一切理性存在者。然而,如果我们不是从任何特殊欲望出发去推理应当做什么,就没有什么东西可以阻碍我们的推理适用于一切理性存在者了。独立于特殊欲望的纯粹实践推理只可能体现推理中的普遍要素。因此康德主张,它会表现为绝对律令所规定的形式。

如果康德是对的,那么唯一不是源于我们固有的或者受社会影响的欲望的行为就是依照绝对律令来行动。因此,只有依照绝对律令来行动才能是自由的。既然只有自由的行为才能具有真正的道德价值,绝对律令必然不仅是最高的理性律令,而且也是最高的道德律令。

还要补充最后一点。如果我的行为是自由的,促使我依照绝对律令来行动的动机就不能是我碰巧具有的任何特殊欲望。因此,它不能是我上天堂或赢得朋友尊敬的欲望,也不能是我为他人做好事的行善愿望。我的动机必须是:依照普遍的理性法则和道德律令来行动,并且只为它们而行动。我必须尽我的义务,因为它就是我的义务——康德伦理学有时被概括为一句口号:“为义务而义务。”事实上,由康德所说可以推出:当我们为义务本身而不是为其他东西而尽自己的义务时,我们才是自由的。

这样我们便得到结论:自由就在于履行一个人的义务。在现代读者看来，这个结论是悖谬的。“义务”一词已经同服从军队、家庭等社会组织的惯常准则联系在一起。谈及履行义务时，我们常常是指正在做很不愿意做，但因为不愿违抗惯常准则而感觉不得不做的事情。这种意义上的“义务”是与自由截然对立的。

倘若这便是“自由就在于履行我们的义务”这一结论所表现出的悖谬性的依据，那么我们应把它撇开。康德的结论是，自由就在于做我们真正认为是自己义务的事情，这里的“义务”是在最宽泛意义上使用的。用现代读者更容易接受的方式来表达康德的意思：自由就在于遵循一个人的良知。只要我们记得这里的“良知”并不是指我碰巧具有的、受社会影响的“内在声音”，这便准确把握了康德的意思。这里的“良知”乃是基于理性地接受作为最高道德律的绝对律令。这样一来，我们目前所得到的结论也许仍然令人难以置信，但已经显得不再悖谬了。毕竟，良知的自由被普遍视为我们所理解的自由的一个本质部分，即使它不是自由的全部。

现在回到黑格尔。我方才描述的康德立场在很大程度上也是黑格尔的立场。当我们依照某些固有的或者受社会影响的特殊欲望来行事时，我们并不自由；理性本质上是普遍的；自由需要到普遍的事物中去寻找——黑格尔从康德那里获得了所有这一切，并把它们转化成为自己的思想。此外，正如我们所看到的，黑格尔在《历史哲学》中把宗教改革看成自由新时代的黎明，因为它宣告了个人良知的权利。于是和康德一样，黑格尔也看到了自由与发展个人良知之间的关联。黑格尔也没有反对“自由就在于履行一个人的义务”这一观点。他说，义务显得像是对我们的自然欲望或任意欲望的一种限制，但事实上，“在义务中，个人从纯粹的自然冲动中……解放出来。……在义务中，个人获得了实质性的自由”。在直接评论康德时黑格尔说：“我在尽义务时，我心安理得而且是自由的。对义务的这种意义的强调乃是康德哲学及其崇高看法值得称赞的品质。”

于是在黑格尔看来，与随心所欲做事的消极自由观相比，为义务本身而履行义务是一个显著的进步。但黑格尔对康德的观点并不满意。他看到了其中的积极要素，但同时也是其最尖锐的批判者之一。《法哲学原理》题为“道德”的第二部分在很大程度上就是批判康德伦理学理论的。

黑格尔主要有两项反对意见。首先，康德的理论从未认真考虑过关于我们应该做什么的详情。这倒不是因为康德本人对这些实践问题缺乏兴趣，而是因为其整个理论都坚持道德必须基于纯粹的实践推理，而免于任何特殊的动机。结果，该理论只能给出空洞的、普遍形式的道德律，而不能说明我们具体的义务是什么。黑格尔指出，这种普遍形式不过是一种一致性原则或不矛盾律。如果我们没有出发点，它就无法把我们带到任何地方。举例来说，如果我们承认财产所有权的有效性，偷窃就是不一致的；但我们也可以否认财产能产生任何权利，从而成为完全一致的窃贼。倘若促使我们行动的只有“不要用自相矛盾的方式去行动！”这条指令，我们也许会发现自己根本没有做任何事情。

对康德绝对律令的这一反驳不仅康德的学生很熟悉，对当代道德哲学有兴趣的人也很熟悉。道德原则在形式上应当是普遍的，这一要求仍被广泛强调（例如《自由与理性》和《道德思考》的作者R.M.黑尔就是如此）。对它的反驳也依然常见，即认为这种要求是一种空洞的形式主义，什么也没有告诉我们。在为康德辩护时，有人提出应把康德解释为允许我们从特殊的欲望出发，但只有当我们能把这些欲望纳入一种普遍形式，承认它们

图9 黑格尔在讲课

对于类似情形中的任何人都是恰当的行动基础时，我们才能依此行动。黑格尔预见到了这种解释，他宣称，任何欲望都可以被纳入一种普遍形式，因此一旦允许引入特殊的欲望，对普遍形式的要求就无力阻止我们为合自己心意的任何不道德行为作辩护了。

黑格尔对康德的第二项主要反驳是，康德的观点使人性发生分裂，使理性与欲望处于永恒的冲突之中，并且否认人的本性方面有任何权利得到满足。我们的自然欲望仅仅是某种需要压抑的东西，而康德又把压抑自然欲望这一即使能够完成也十分艰巨的任务交给了理性。正如我们所看到的，黑格尔在这一反驳中遵循着席勒在《美育书简》中提出的思路，但用自己的方式利用了席勒的批判。

我们可以用现代伦理学中另一个大家熟知的问题来表述这一点。在黑格尔看来，对康德伦理学的第二个主要反驳是，它没有为道德与个人利益之间的对立提出解决方案。康德留下了一个没有回答也永远不可能回答的问题："为什么我应该是道德的？"我们被告知，我们应该为义务本身而履行义务，要求给出任何其他理由都将远离道德所要求的那种纯粹而自由的动机。但这根本不是回答，而只是拒绝提出这个问题而已。

席勒在《美育书简》中指出，曾几何时，这个问题还根本没有产生，道德还没有从惯常的美好生活理想中分离出来而成为某种单独的东西，康德式的义务观念也不存在。黑格尔则看到，一旦这个问题被提出来，就不可能回到那种惯常的道德观念了。黑格尔认为康德的义务观念无论如何都是一个进步，没有什么可遗憾的，因为它帮助现代人获得了一种希腊人在其狭窄的习惯性视野中永远不可能有的自由。黑格尔努力要做的就是把希腊生活的自然满足与康德道德观念的自由良知统一起来，从而回答这个问题。与此同时，他的回答还将为康德理论的另一个主要缺陷，即它完全缺乏内容，提供一种补救。

有机共同体

黑格尔认为，个体的满足与自由之间的统一是与一个有机共同体的社会特质相一致的。他所理解的共同体是什么样的呢？

到了19世纪末，黑格尔的有机共同体思想被英国哲学家布拉德雷所接受。布拉德雷虽然在原创性方面也许不能与黑格尔相媲美，但作为散文体作家肯定超过了他。因此，我将让布拉德雷代替黑格尔来阐述私人利益与公共价值之间和谐一致的根据。以下是布拉德雷所描述的在一个共同体中成长的孩子的发展过程：

> 孩子……出生……在一个活着的世界中，甚至还没有意识到他独立的自我。他随其世界一起成长，心满意足，自由自在。当他能把自己从那个世界中分开，知道自己与之分离时，他的自我，他那自我意识的对象，便会受到他人存在的潜入、感染和塑造。它的内容在每一方面都暗示着与共同体的联系。他学习说话，或者可能已经学会了说话；在这里他把其种族共同继承下来的东西占为己有，他自己所说的语言是其祖国的语言，这种语言……与其他人说的语言一样，这就给他的内心带来了种族的观念和情感，……并且打上了不可磨灭的印记。他在一种范例和普遍习惯的氛围中成长。……他内心中的灵魂被普遍的生活所浸透、浇灌和限定，他吸收了普遍的生活，由此形成了自己的本质，并把自身建立起来。他的生活与

普遍的生活是同一的，如果他反对这种生活，那就是在反对自己。

布拉德雷和黑格尔的观点是，由于我们的需要和欲望是由社会塑造的，一个有机共同体会去培养那些对共同体最有益的欲望。此外，这个共同体还会灌输给其成员一种观念，即他们的身份就在于成为共同体的一部分，因此他们不会想到要脱离这个共同体而去追求自己的私利。就像我身体有机体的一部分（比如说我的左臂）不会想到要脱离我的肩膀，去寻找比把食物送到我嘴里更好的差事。我们也不应忘记，有机体与其组成部分之间的关系是相互的。我需要我的左臂，我的左臂也需要我。有机共同体不会忽视其成员的利益，一如我不会忽视我左臂受的伤。

如果可以接受这个有机共同体的模型，我们就会承认，它将结束个人利益与共同体利益之间的古老冲突。但它如何来维护自由呢？它所显示出的难道不是仅仅固执己见地遵从于习惯吗？它与希腊共同体的区别何在呢？——黑格尔认为，希腊共同体缺乏由宗教改革所提出并为康德的义务概念所把握（即使只是片面把握）的人类自由的基本原则。

黑格尔共同体中的公民之所以不同于希腊城邦的公民，恰恰是因为他们属于一个不同的历史时代，而且拥有罗马、基督教和宗教改革的成就作为其思想遗产的一部分。他们知道自己有追求自由的能力和依照良知做出决定的能力。那种惯常的道德之所以会要求遵守其规则，仅仅是因为遵守这些规则是出于习惯，它不能要求自由思想者去服从。（我们已经看到苏格拉底的质疑如何对雅典共同体的根基构成了致命威胁。）自由思想者只能效忠于他们认为符合理性原则的制度。因此与古代共同体不

图 10　布拉德雷（1846—1924）

同，现代的有机共同体必须建立在理性原则的基础之上。

我们在《历史哲学》中看到了当人民第一次冒着危险打倒不合理的制度，建立起一个以纯理性原则为基础的新国家时所发生的事情。法国大革命的领导者们是在一种纯粹抽象和普遍的意义上来理解理性的，它不会容忍共同体的自然倾向。法国大革命从政治上体现了康德纯粹抽象和普遍的义务观的错误，后者也不会容忍人类的自然方面。与这种纯粹的理性主义相一致，君主和所有其他贵族等级都被废黜。基督教被理性崇拜所取代，旧度量衡让位于更为理性的公制，甚至对历法也进行了改革。其结果便是恐怖统治，在那里空洞的普遍性与个体发生了冲突并且否定了个体，或者用不那么黑格尔的语言来说就是，国家视个体为自己的敌人并置其于死地。

虽然对于经历过法国大革命磨难的人来说，这场革命的失败是一场灾难，但从中可以吸取一个重要教训，那就是要想建立一个真正以理性为基础的国家，我们就绝不能把一切原有的东西都彻底摧毁而试图完全从零开始。我们必须在现实世界中寻找合理的东西，并允许这些合理要素得到充分表达。通过这种方式，我们就可以在一个共同体已有的理性和优点基础上进行建设。

这里有一个现代寓言，也许可以说明为什么黑格尔会把法国大革命看成一次光荣的失败，以及他希望我们从中学到什么。人们最初开始在城市生活时，没有人想到过城市规划问题。人们看哪里最方便，就在哪里建设房屋、商店和工厂，于是城市变得越来越杂乱无章。这时有人出来说："这样不好！我们没有想过我们的城市应当变成什么样子。我们的生活正在被偶然性所支配！需要有人对我们的城市做出规划，使之符合我们关于美和美好生活的理想。”于是来了城市规划者，他们推平了旧居民区，建起有绿色草坪环绕的流线型高层公寓。道路修得宽阔笔直，购物中心建在开阔的停车场中央，工厂也被小心翼翼地与居住区隔离开来。然后城市规划者们扬扬自得地等待人们来致谢。但人们抱怨在高耸的公寓里看不到正在十层楼下面草坪上玩耍的孩子，抱怨当地的街角小店没有了，穿过那些绿地和停车场去购物中心要走很远。他们还抱怨说，由于现在每个人都不得不开车去上班，即使是那些新修的宽广笔直的马路也塞满了车辆。最糟糕的是，现在没有人步行了，街道变得不再安全，天黑以后穿过那些美丽的草坪变得很危险。于是，先前的城市规划者被解雇了，新一代规划者成长起来，他们从前辈的错误中吸取了教训。新一代的城市规划者所做的第一件事情就是停止拆除旧居民区，开始注意到未规划的旧城市的正面特征。他们称赞狭窄弯曲的街道上的种种景致，注意到让商店、住宅甚至是小工厂混在一起是多么便利。他们谈论这些街道如何鼓励人们步行，使来往车辆保持在最低限度，而且使城市中心既热闹又安全。这并不是说他们毫无保留地称赞未规划的旧城市，仍有一些事物需要整理。一些特别让人反感的工业部门要从人们居住的地方迁走，许多旧建筑必须修复，再不然就用一些与周围环境相协调的建筑来替换。无论如何，新的城市规划者发现旧城市是能够良好运转的；需要保持的正是这一点，无论还可以作哪些修补。

未规划的旧城市就像是以习惯为基础发展起来的古代共同体，第一批城市规划者则如同法国革命者们，热衷于把理性加诸现实。而第二代规划者乃是真正的黑格尔主义者，过去的教训使他们变得更加明智。他们愿意在那个源于实践适应而非有意规划的世界中发现合理性。

图11 一个有规划的共同体

现在我们可以明白，为什么现时代的自由公民会效忠于一个初看起来与那些基于习惯的古代世界共同体并无多大差别的共同体。这些自由公民了解其共同体所基于的理性原则，因而自由地选择了为它服务。

当然，现代理性共同体与古希腊共同体之间还是存在着一些差别，因为现时代认识到所有人都是自由的，奴隶制已经被废除。黑格尔认为，如果没有奴隶，雅典施行的那种耗时的民主制就无法运作。黑格尔也瞧不起那种带有普遍选举权的代议制民主，部分是因为他认为个人是不能被代表的（他说只有"社会的基本领域及其大范围利益"才适合被代表），部分是因为在有普遍选举权的情况下，个人投票的重要性微乎其微，这便导致对选举普遍漠不关心，于是权力也就落入了代表特殊利益的少数决策者之手。

黑格尔说，理性共同体是一种立宪君主制。之所以需要君主制，是因为在某个地方必定存在着最终决策权，在一个自由的共同体中，这种权力应当通过一个人的自由决策来表现。（对比希腊共同体，后者往往通过祈请神谕——共同体之外的一种力量——来寻求对困难问题的最终解决方案。）黑格尔说，另一方面，如果这种立宪政体是稳定的，君主通常除了签名什么也不用做。因此他的个人性格并不重要，其统治也就不是东方专制君主那种反复无常的统治。立宪君主制的其他要素是行政部门和立法机构。行政部门由公务员组成。取得公职的唯一客观条件是对能力的检验，但是当有资格的候选人不止一个并且他们的相对能力无法精确确定时，此时有主观因素进入，便需要君主做出决定。因此，君主保持着任命行政人员的权力。与黑格尔关于代表制的观念相一致，立法机构是拥有两院的议会，上院由地主阶层（landed class）组成，下院由商业阶层（business class）组成。然而，下院所代表的是像公司和行业协会这样的"大范围利益"，而不是个体公民本身。

对于生活在21世纪的读者而言，黑格尔的偏好肯定显得很古怪，在他们看来，后来的经验也往往证明他的论点是错误的，因此我只是匆匆讨论了黑格尔所说的理性共同体的一些细节。就黑格尔的自由观而言，他所偏爱的那些特殊的制度安排并非至关重要。现在我们应该清楚，黑格尔并不是在谈人民主权是自由社会的基本要素那种政治意义上的自由，他所感兴趣的乃是一种更加深刻、更具形而上学意义的自由。他所关注的是，当我们不受他人胁迫或我们自然欲望的驱使，也不受社会环境的左右而有能力进行选择时，我们就是自由的。正如我们所看到

图12 一个未规划的共同体

的，黑格尔认为，只有当我们理性地选择时，这样的自由才能存在；而只有当我们依照普遍原则进行选择时，我们的选择才是理性的。这些选择要想带给我们应有的满足，这些普遍原则就必须体现在一个按照理性方式组织起来的有机共同体中。在这样一个共同体中，个人利益与整体利益是和谐一致的。在选择尽我的义务时，我的选择因为是理性的，所以是自由的，我在服务于普遍性的客观形态——国家——的过程中也实现了自己。此外——这是对康德伦理学第二项重大缺陷的弥补——由于普遍法则体现于国家的具体制度，它不再抽象和空洞。它规定了我在共同体中的地位和角色所应尽的具体义务。

我们有充分理由拒绝接受黑格尔对这样一个按理性组建的共同体的描述。但我们的反驳不会影响其自由观念的有效性。黑格尔试图描述的是个人利益与整体利益和谐一致的共同体。如果他没有成功，其他人可以继续这种探索。如果没有人成功，而且我们最终认为永远不会有人成功，那么我们将不得不承认，黑格尔意义上的自由不可能存在。但即使如此，黑格尔自称描述了唯一真正的自由也不会变得无效，这种自由仍然可以充当一种理想。

自由主义？保守主义？还是极权主义？

本章从一个谜开始讲起。如此强调自由以至于使之成为历史目的的黑格尔，怎么会认为当时那个独裁的德国社会已经实现了自由呢？他是不是一个卑躬屈膝的奴才，为讨得统治者的欢心而把这个词的意思作相反的曲解呢？更糟糕的是，他是不是他死后100年德国出现的那种极权主义国家的思想之父呢？

揭开这个谜的第一步是要弄清一个事实：黑格尔所描述的

理想状态下的理性国家是否纯粹是对他那个时代普鲁士国家的描述？非也。两者有很大的相似性，但也有重要差异。我想提到四点。也许最重要的是，黑格尔理想中的立宪君主除了签名以外几乎不做什么事，而普鲁士的弗里德里希·威廉三世却是一个专制得多的君主。第二点差异是，普鲁士根本没有能够运转的议会，而黑格尔的立法机构尽管较为无力，但确实为公众意见的表达提供了一个出路。第三，黑格尔是言论自由的支持者，即使是在非常明确的范围内。诚然，以今天的标准来看，黑格尔在这个问题上显得非常狭隘，因为他从这种自由中排除了一切相当于对政府及其官员的诽谤、诋毁或"轻蔑讽刺"的东西。但我们现在并不打算用今天的标准来评价他，而是将他的看法与当时普鲁士的情况作对比。由于《法哲学原理》出版于1819年卡尔斯巴德决议颁布严厉的书刊审查制度后仅18个月，黑格尔肯定是在争取比当时所能允许的更大的言论自由。第四，黑格尔拥护由陪审团进行的审判，从而在法律程序中把公民们包括进来。但在当时的普鲁士，陪审审判尚无合法性。

这些差异足以使黑格尔免于指控，说他撰写其哲学著作完全是为了取悦普鲁士君主。但它们并没有使黑格尔成为任何现代意义上的自由主义者。他对选举权的反对和对言论自由的限制都足以表明这一点。他厌恶一切含有民众代表意味的东西，甚至写了一篇文章来反对英国的选举法修正案。这一法案在1832年的最终通过终结了英国下议院在议员选举方面（当时仍把大多数成年男性——更不要说女性——排除在选举人名单之外）臭名昭著的不平等和弊端。

然而，我们理解了黑格尔的自由观念之后，这就不奇怪了。黑格尔会认为，人民选举权就相当于人们依照自己的物质利益或者对某位候选人多变甚至是古怪的好恶去投票。倘若黑格尔能够目睹现代民主政治下的一场选举，他就不必改变自己的想法。今天为民主制辩护的那些人，几乎不会不同意黑格尔关于大多数选举人如何通过投票来支持某位候选人的看法。他们与黑格尔的不同之处在于，他们认为无论大多数选举人可能有多么冲动或任性，选举依然是自由社会的一个关键要素；而黑格尔则会以冲动或任性的选择并非自由行为为由来断然否认这一点，并强调只有当我们的选择是基于理性时，我们才是自由的。在黑格尔看来，如果国家的整个方向都依赖于这些任性的选择，就等于将整个共同体的命运交给了偶然性。

这是否意味着黑格尔的确是极权主义国家的辩护者呢？卡尔·波普尔是这样看的。在那本读者甚众的《开放社会及其敌人》中，他援引了黑格尔的一些话来支持自己，这些说法必定会激怒任何持自由主义观点的现代读者。以下是一些例子：

> 国家是存在于地上的“神的理念”，……因此我们必须把国家当作神在地上的显现来崇拜。……国家是神在世界中的行进。……国家……为了它自身的目的而存在。

在波普尔看来，这些引文足以表明黑格尔坚持“国家的绝对道德权威，它压倒了一切个人道德和一切良知”，由此使黑格尔成为现代极权主义发展中的一个重要角色。

黑格尔强调合乎理性是自由的基本要素，这也使上述解读变得更为可信。因为由谁来决定什么是理性的呢？只有理性选择才是自由的——如果以这一学说来武装自己，任何统治者都可以证明，只要反对其关于国家未来的理性计划，这样的人都应该镇压。因为如果他的计划是理性的，推动反对者提出反对的就必定不是理性，而是个人私欲或非理性的狂想。他们的选择并非基于理性，因此不可能是自由的。于是，查禁他们的报纸和传单并非限制言论自由，逮捕他们的领导者也不是干涉其行动自由，关闭他们的教会，制定新的、更加理性的崇拜形式亦不是干涉其宗教自由。只有想办法引导这些可怜的误入歧途者认识到领袖计划的合理性，他们才会真正自由！倘若这就是黑格尔的自由概念，还有哪位哲学家提出过比这更好的奥威尔式欺人之谈的例子吗？希特勒和斯大林都曾非常有效地利用这种欺人之谈实施其极权主义设计。

波普尔的论据并不像它看起来那样有说服力。首先，他的引文几乎全都不是出自黑格尔本人的著作，而是从他身后出版的学生们的课堂笔记中摘出来的，而且原书编辑还在序言中解释说自己作了一些改写。其次，这些响亮的措辞中至少有一句是错译。波普尔所引的“国家是神在世界中的行进”更准确的翻译应是“国家的存在是神与世界同在的方式”。这等于说，某种意义上国家的存在乃是神的规划的一部分。第三，对黑格尔来说，“国家”并非仅仅指“政府”，而是指整个社会生活。所以他并不是在赞美政府反对人民，而是指整个共同体。第四，这些引文需要有其他内容来平衡，因为黑格尔常以极端形式来论述某个主题的一个方面，然后再从另一方面去平衡。比如黑格尔关于国家的论述之前是这样一些话：“主观自由的权利是划分古代和近代的转折点和中心点”，然后又说，这种权利“以其无限性”已经成为新的文明形式的“普遍有效的原则”。之后他又说：“最重要的是，理性的规律必须被特殊自由的规律完全渗透……”此外黑格尔还强调：“鉴于自我意识的权利”，法律必须被普遍知晓才能有约束力。像传说中暴君狄奥尼修斯那样把法律挂得老高，或者把法律埋藏于博学的书籍中，以致没有普通公民能够读到它，这是不公正的。黑格尔对反动作家冯·哈勒尔的致命抨击也是类似的。冯·哈勒尔为一种非常适合希特勒的学说“强权即真理”作辩护。对此黑格尔写道：“对法律和在法律中确定的权利的仇恨是一种口号，它使人们明确无误、原原本本地认识到疯狂、软弱和伪善的本来面目，尽管它们可能伪装自己。”以如此强烈地捍卫法律准则为基础，是很难构建一个带有秘密警察和独裁力量的极权主义国家的。

不可否认，黑格尔用来描述国家的惊人之语，以及认为真正的自由要到理性选择中去寻找这一观点，都很容易遭到误用和曲解，以服务于极权主义。但同样不可否认，这是一种误用。我们已经看到，黑格尔关于立宪君主、言论自由、法律准则和陪审审判的许多观点都清楚地表明了这一点。问题在于，黑格尔对理性的认真态度我们今天几乎无人可比。如果有人告诉我们如何才能最合理地管理国家事态，我们会认为他在表达其个人偏好。我们认为，其他人会有不同的偏好。至于什么是最“合理的”，鉴于谁也说不清楚，我们还不如把它抛诸脑后，只满足于我们最喜欢的那些做法。于是当黑格尔写下“崇拜”国家或者在一个理性国家中实现自由时，我们倾向于把这些说法用于合自己心意的无论什么类型的国家——这一理解与黑格尔的意图完全相反。黑格尔所说的“理性国家”是指某种非常客观、非常具体的东西。它必须是个人真正选择服从和支持的国家，因为他们真正认同其原则，并且真正从作为其组成部分中得到了个人满足。在黑格尔看来，理性国家绝不会像纳粹和斯大林式的国家那样对待自己的公民。那种观念是一种自相矛盾。同样，一旦我们意识到，个体利益与集体利益在黑格尔的理性国家中是和谐一致的，国家利益与个人利益相冲突以及无情压倒个人权利的威胁就不存在了。

对于所有这些，现代读者可能会以“是的，但是……”做出回应。“是的”表明黑格尔本人并不拥护极权主义，“但是”则表明，在这一解释上，黑格尔对人与人之间有可能达成和谐异乎寻常地乐观；如果他相信这种和谐会存在于他所描述的那种国家，这种乐观与现实就更是惊人地相左。

我认为后一批评是无法回答的。要使黑格尔关于国家的说法可以得到辩护，他所设想的理性国家就必须非常不同于当时存在的（或此后一直存在的）任何国家。然而，他所描述的国家虽然可能非常不同，肯定不会完全不同于当时存在的那些国家。最有可能的解释是，黑格尔太过保守或谨慎，以至于并不提倡从根本上背离他在其中生活和教书的那种政治制度。说黑格尔的“一个目的是取悦普鲁士国王”，这显然是错误的；但也许可以公平地说，为了避免激怒普鲁士国王（以及所有其他德国统治者），黑格尔并未激进地抛出其背后的哲学理论。

然而，关于黑格尔对人与人之间和谐一致的看法还有一点需要说明：他的政治哲学仅仅是一个大得多的哲学体系的一部分，人与人的统一在那里有一种形而上学基础。我们在本章和上一章中给黑格尔在历史和政治方面的思想的篇幅已经偏多了（就它们在黑格尔全部哲学中的地位而言），现在是时候转向那个更大的哲学体系了。我们很快就会看到，转向黑格尔思想的另一面对于更深刻地理解他的历史哲学和政治哲学同样是有利的。

第四章

精神的漫长历程

心灵还是精神?

现在我要坦白，我一直在欺骗。到目前为止，我对黑格尔哲学的论述小心翼翼地略去了黑格尔本人反复谈到并认为至关重要的东西：*Geist*（精神）的概念。它是如此关键，以至于黑格尔说：《历史哲学》的整个目标就是要认识“精神”在历史中的指导作用。因此，如果不了解这个概念，我们就只能部分地把握黑格尔的历史观。在《法哲学原理》中，“精神”的概念也如影随形。比如黑格尔把国家称为“客体化的精神”。因此，前面的章节之所以有意误导读者，我唯一的理由就是这样做有一个好处，可以方便读者逐渐进入黑格尔那奇诡而又往往模糊不清的思想世界。

对英语读者而言，黑格尔的*Geist*概念首先有翻译上的困难。在德文中，这是一个非常普通的词，但它有两种迥然不同但却相关的含义。这是用来意指“心灵”（mind）的标准语词，即区别于我们身体的心灵。例如精神病是*Geisteskrankheit*，其字面意思是“心灵疾病”。然而，*Geist*还能意指“精神”（spirit）这个英语词所表达的各种含义。于是，“时代精神”是*der Zeitgeist*，而基督教三位一体——圣父、圣子、圣灵中的第三个要素圣灵是*der Heilige Geist*。在某些段落，黑格尔对这个词的用法很像我们对“心灵”一词的使用，另一些语境则像“精神”，还有一些场合，他的用法同时包含这两种含义，这使翻译者的任务变得更加艰巨。

在这种绝境下，翻译者有三种选择：要么完全使用mind，要么完全使用spirit，要么视语境选用最恰当的词。我反对第三种做法，因为对黑格尔来说，他所谓的*Geist*是同一种东西，这显然是至关重要的，尽管出现在其各种作品中的是*Geist*的不同方面。我在开始写这本书时曾打算使用spirit一词，因为近来几乎所有翻译黑格尔的人都选择了这个词。然而随着我更深入地尝试以一种可以让初学者理解的方式来阐述黑格尔，我越来越相信，对英语读者来说，使用spirit一词乃是对“*Geist*在黑格尔那里的真正含义”这个问题未经详察而预作判断。在英语中，除了“时代精神”和“协作精神”等一些特殊用法，spirit还不可避免地有着宗教或神秘意味。一个spirit在显灵板上敲打出讯息，或者萦绕着荒芜的哥特式宅邸。spirit是一种脱离身体的、幽灵般的存在，是那种除非你有点迷信才会相信的东西。如果持有一种冷静清晰的科学世界观，你就不会相信它。

也许在考察黑格尔时，在某些方面我们将不得不说，他的哲学是建立在这种有些迷信的世界观基础之上的。黑格尔本来正是想用*Geist*概念来指这样一种脱离身体的、幽灵般的存在。但我们绝不能从一开始就假设这一点。黑格尔是一位在西方哲学传统中进行研究的哲学家，该传统中的哲学家总是非常关注心灵或意识的本性及其与物理世界的关系。笛卡尔通过追问自己能够完全确知什么而开辟了近代哲学时代。他的回答是，尽管他可能正在做梦，或者被一个恶魔所欺骗，从而自己的几乎一切信念都是错误的，但有一件事情他可以确定地知道，那就是“我思故我在”。在这一点上我不可能被欺骗，因为要想被欺骗，我仍然必须存在。然而，这个“我”是什么呢？它不是我的物理身体——在这方面我可能被欺骗。我所确知的这个“我”仅仅是一个思想着的东西，换句话说就是心灵。由此论点产生了后来西方哲学关注的一些核心问题：我的思想和感受是如何与我的身体相联系的？是否既存在着思想那样的心灵对象，又存在着身体那样的物质对象？如果是这样，这两种如此不同的东西又是以何种方式相互作用的？我的大脑是物质的东西，物质如何可能有意识？哲学家把这一系列问题称为“心—身问题”。还有一些问题也可以追溯到笛卡尔，它们集中于认识问题：我们如何可能知道世界是什么样子？我们能否确信自己的思想无论如何都是某个“外在实际”世界的反映，就像我们往往认为的那样？倘若我的全部意识经验，包括为了获得简单信念——比如我面前这张纸的存在——而需要的对颜色、形状和质地的感觉，都始终在我的心灵中，那么我如何可能认识处于我意识之外的世界的任何东西呢？

离题去讨论西方哲学传统的问题是为了说明，像黑格尔这样的哲学家撰写关于心灵的著作是完全可以预料的。他这样做并不意味着他相信有脱离了肉体的灵魂存在，或者有持科学世界观的冷静清晰的人不会相信的某种东西存在。因此，至少在开始讨论黑格尔的意思时，我们不要把他所说的*Geist*理解成在谈论某种特殊的神秘存在，而要看成对长久以来关于心灵本质的哲学争论的贡献。于是在本书中，我回到上一代黑格尔翻译者的做法，把*Geist*译为mind。[①]随着研究的深入，我们将会弄明白到底应该在什么意义上来理解黑格尔的这个概念。

---

① mind在汉语中一般译为“心灵”，本书遵照汉语哲学中的一般译法，仍将*Geist*译为“精神”。——译者

《精神现象学》的任务

迄今为止，我对黑格尔观点的介绍是极不完整的，这可以从前面讨论黑格尔历史哲学时被搁置的一个问题看出来，即为什么世界历史不过是自由意识的进步呢？这个问题需要有一个回答。黑格尔明确否认，历史的方向是某种幸运的偶然（无论如何，这与他的整体思路完全不一致）。黑格尔断言，历史上的事情是必然发生的。这是什么意思呢？这如何可能是真的？黑格尔的回答是，历史之所以就是自由意识的进步，是因为历史就是精神的发展。在《历史哲学》中，黑格尔并没有打算解释这一思想，因为他已经出版了一部极为冗长晦涩的著作，以表明精神如此发展的必然性，这就是《精神现象学》。卡尔·马克思把它称为“黑格尔哲学的真正诞生地和秘密”。另一些人则被它750页晦涩难懂的文字所吓倒，甘愿不去理睬它所包含的无论什么秘密。然而，任何关于黑格尔的论述都不能堂而皇之地无视它的存在。

关于这本书，显然应从它的标题谈起。《牛津英语词典》告诉我们，“现象学”意指“关于现象的科学，区别于关于存在的科学”。如果我们熟悉“现象”与“存在”的区分，这些就不难理解。而对于不熟悉的人，这本词典也颇有助益地告诉我们：“现象”在其哲学用法中是指“感官或心灵直接注意到的东西，一种直接的知觉对象（区别于实物或自在之物）”。为了说明这里所作的区分，我们可以考虑呈现于我视觉中的月亮和实际的月亮之间的不同。它昨夜在我的视觉中显现的是网球大小的一弯银色新月，而它实际上当然是一个直径几千公里的岩石球体。银色的新月就是现象。因此，现象学研究的是事物显现给我们的方式。

如果现象学研究的是事物显现给我们的方式，我们也许会猜想，《精神现象学》研究的将是精神显现给我们的方式。这样一种猜测是正确的，但还需要补充一个典型的黑格尔式的转折。研究精神如何显现给我们时，我们只可能研究它如何显现给我们的精神。这样一来，精神现象学实际上研究的是精神如何显现给它自己。因此，黑格尔的《精神现象学》追踪了意识的不同形式，就好像从内部考察每一种形式，并且表明较为有限的意识形式是如何必然发展成更完善的形式的。黑格尔本人则把他的任务称为"对作为一种现象的知识的阐述"，因为他把意识的发展看成朝向那些更充分地把握实在、最终达到"绝对知识"的意识形式的发展。

在《精神现象学》导言中，黑格尔解释了他为什么认为这种研究是必要的。他从认识问题开始讲起。他说，哲学的目标是"对真正存在之物的实际认识"，或如他带着几分神秘色彩所谓的"绝对"。不过在对"真正存在之物"进行表态之前，我们不妨先停下来反思一下认识本身，即我们如何能够认识实在。在试图获得知识的过程中，我们是在努力把握实在。因此黑格尔说，认识往往被比作我们借以把握真理的工具。如果工具出了毛病，到头来我们可能除谬误以外什么也得不到。

因此我们要从对认识的探究开始。很快我们就被怀疑的忧虑所困扰。假如认识实在就像用某种工具去把握实在，那么很可能会有一种危险，即把工具用于实在将会改变实在，因此我们把握到的东西将非常不同于未受干扰的实在。（正如现代物理学家发现，不可能确定亚原子粒子的速度和位置，因为无论用什么仪器来观测都会干扰它们。）黑格尔说，即使我们抛弃"工具"这一比喻，而把认识当作我们借以观察实在的更为被动的媒介，我们也仍然是在观察"经由媒介的实在"（reality-through-the-medium），而不是观察实在本身。

如果我们借以观察的工具或媒介会产生歪曲的效果，那么要想认识到真实的事态，一种方法就是去发现这种歪曲的性质，并把它所造成的差异减掉。例如观察一根一半放入水中、一半露在外面的木棍，水中的部分看起来是弯曲的。木棍真是弯曲的吗？如果我了解折射定律，从而了解透过水去观察所造成的差异，我就能计算它。减掉这种差异，我就能发现木棍实际是什么样了。我们能否以同样的办法处理认识工具或认识媒介所造成的歪曲效果，从而达到对实在本身的认识呢？

黑格尔说，不行。这种解脱途径对我们来说是不适用的。认识不同于观察。因为就认识而言，哪些东西可以减掉呢？这就好比减掉的不是水使光线发生的弯曲，而是光线本身。没有认识，我们连木棍都不会知晓。因此，如果减掉我们的认识行为，我们将会一无所知。

因此，我们的工具不可能保证我们得到一幅未受干扰的实在图像，我们也不可能通过考虑工具所造成的干扰而更接近实在。那么，我们是否应该接受怀疑论立场，认为不可能真正认识任何事物呢？在黑格尔看来，这种怀疑论自相矛盾。倘若怀疑一切，那为什么不怀疑“我们不可能认识任何东西”呢？不仅如此，我们一直在讨论的这种怀疑论观点有其自身的预设，而这些预设它声称是知道的。其出发点是：有“实在”这样一种东西，认识是我们把握实在的某种工具或媒介。在此过程中，它预设了我们自身与实在或者说绝对之间的一种区分。更为糟糕的是，它理所当然地认为，我们的认识与实在之间是彼此割断的，但同时又把我们的认识当作某种真实的东西来处理，也就是说，当作实在的一部分来处理。因此，怀疑论也是不成立的。

黑格尔简洁地提出了关于认识的某种看法，然后表明它导致了一种无法摆脱也无法忍受的困境。他现在指出，我们必须抛弃所有这些关于认识作为工具或媒介的“无用观念和表述”，因为它们都把认识与实在本身割裂开来。

在整个论述过程中，黑格尔没有提到任何一位哲学家持有他认为必须拒斥的认识论观点。在某种程度上，黑格尔是在批判所有经验论哲学家——洛克、贝克莱、休谟以及其他许多人——所共有的假设。不过所有读者都可以清楚地看出，他的主要靶子是康德。康德认为我们永远无法认识实在本身，因为我们只能在空间、时间和因果性的框架之内理解我们的经验。而空间、时间和因果性并非实在的组成部分，而是我们把握实在所必需的形式，因此我们永远无法认识不依赖于我们认识的事物。

在另一部著作《小逻辑》中，黑格尔的确给出了其对手的名字，并对他作了类似的批判（虽然像是要显示其思想的丰富性，他是以略为不同的论证令人信服地阐明观点的）。这段话很值得引用，因为其结尾的一则类比指出了前进的道路：

> 康德指出，我们在进行工作以前，必须对用来工作的工具先行认识；假如工具不完善，则一切工作将归徒劳。……但对认识的考察只能通过认识活动来完成。考察所谓认识的工具，与对认识加以认识，乃是一回事。但试图在我们认识之前进行认识，其荒谬可笑实无异于某学究的聪明办法：在没有学会游泳以前，切勿冒险下水。

此学究的愚蠢之举所带来的教益很清楚。要想学会游泳，我们必须勇敢地跳入激流；要想认识实在，我们必须勇敢地跳入作为我们一切认识出发点的意识之流。唯一可能的认识进路就

图13 身着学位服的黑格尔

是从意识向它自身显现的内部去考察意识，换言之就是一种精神的现象学。我们不从那些复杂的怀疑，而是从一种自视为真正知识的简单意识形式出发。然而，这种简单意识形式将会证明自己还达不到真正的知识，于是就发展成另一种意识形式。而后者也将表明自己是不完善的，于是发展成其他某种东西，这一过程将持续下去，直到我们达到真正的知识为止。

《精神现象学》详细追溯了这一过程。正如黑格尔所说，它是“培养和教育意识自身达到科学水平之过程的详细历史”。事实上，在整个历史中出现的那些观念的发展就是这种培养和教育的一部分。于是，黑格尔的《精神现象学》在部分程度上预示了《历史哲学》包含的内容。然而这一次，同样的事件是用另一种方式处理的，因为黑格尔旨在揭示意识的发展过程乃是必然的。每一种意识形式在显示自己达不到真正知识的过程中，都把我们引向了黑格尔所谓的“决定性的否定”（determinate negation）。这并非批评我们的普通认识方法的那些哲学家所捍卫的空洞的怀疑论。从那种空洞的怀疑论出发是无法前进的。而决定性的否定本身就是某种东西。[想想数学中的负号（negation sign）：它产生的不是零，而是一个明确的负数。]这种因为发现一种意识形式不完善而产生的“某种东西”本身就是一种新的意识形式，即意识觉察到之前形式的不完善而不得不采取一种不同的方式来克服它们。于是我们将被迫从一种意识形式走向下一种意识形式，不停地去寻求真正的知识。

因此，《精神现象学》将可以回答前面提出的问题：为什么世界历史不过是自由观念意识的发展史，以及为什么历史上发生的事情都是必然发生的。不过令人难以置信的是，对这个重大问题的回答仅仅是这部著作主要目标的一个副产品，其主要目标是表明真正知识的可能性，从而为哲学的目的——用黑格尔的话来说就是提供“对真正存在之物的实际认识”——充当基础。

《精神现象学》所追溯的这一过程的目标是真正的知识或“绝对”。我们如何才能知道已经达到它了呢？怀疑论的怀疑不是仍然可能提出吗？黑格尔说不可能了，因为“在终点处，认识不必再超越自身……”。换句话说，虽然之前的意识一直不得不承认自己认识的不完善，并努力追求超出其把握能力的更完善的认识，即试图认识“自在之物”，但在这个过程结束时，实在将不再是不可知的“彼岸”。意识将直接认识实在，并与之合一。再没有什么东西要去追求了，那种获得更完善认识的无休止的冲动终将得到满足。

黑格尔给自己制定的任务颇不寻常。从强有力地批判康德（不只是康德，而且是所有那些从一开始就区分了认识主体与被认识对象的哲学家——这意味着自柏拉图以来的几乎所有哲学家）的认识进路开始，黑格尔发展出一种新方法。此方法就是追溯一切可能的意识形式朝着真正的知识这一最终目标的发展。真正的知识并不是对实在显现的认识，而是对实在本身的认识。现在我们就来看看他是如何完成这项任务的。

没有概念的知识？

黑格尔从最原始的意识形式开始谈起，他把这种意识形式称为“感觉经验层面的确定性”，或简称“感性确定性”。他认为，这种意识形式唯一要做的就是把握在任一时刻呈现于它面前的东西。感性确定性仅仅记录下我们感官所接收的材料，是对呈现于我们感官的特殊事物的认识。感性确定性并不试图对感官所获得的原始信息进行整理或分类。于是，当这种意识形式面前出现了一个我们所谓的熟西红柿时，它并不能把它的经验描述成一个西红柿，因为那将是对它所看到的东西进行分类。它甚至无法把这种经验描述为看到了某种又圆又红的东西，因为这些词也预设了某种分类形式。感性确定性只知道当下呈现给它的东西；正如黑格尔所说，它是"这个"的确定性，或"这里"和"现在"的确定性。

感性确定性似乎坚称自己是真正的知识，因为它直接觉察到了"这个"，而没有把一种涉及空间、时间或任何其他范畴的概念框架的歪曲性过滤强加给它。感性确定性直接按照客体本来的样子觉察到了客体本身。但黑格尔表明，宣称感性确定性是知识经不起进一步研究。一旦感性确定性试图说出自己的知识，它就变得语无伦次。"这个"是什么？它可以被分成"这里"和"现在"，但这些词无法给出真相。比如一天深夜，有人问我们"现在"是什么，我们也许会说，"现在是晚上"。假定我们把它写下来——黑格尔说，把真理写下来或保存起来不会使它失去任何东西——那么到了第二天中午，我们拿出已经写下的真理，就会发现（如黑格尔所说）"它已经过时了"。同样，我说"这里有一棵树"，但另一种感性确定性也可以说"这里有一座房屋"。

黑格尔的论证似乎基于对用以传达感性确定性知识之语言的一种不合常情的误解。果真有可能避开这种廉价的把戏来重新表述感性确定性的知识吗？这种把戏并不像我们想象的那样容易避开。例如，从感性确定性的观点来看，我们不可能说"午夜是晚上"或"公园里有一棵树"。这些说法都预设了包括我们时间和空间概念在内的事物的一种普遍秩序。

那么，如何才能表达自我确定的知识呢？黑格尔的观点是，它根本不可能用语言来表达，因为感性确定性是一种纯粹特殊的知识，而语言总是涉及把某种东西归入某个更为一般或普遍的标签。"西红柿"是一个通名，它区分出了一整类对象，而不是单个特殊对象。任何其他语词也是如此。黑格尔之所以抨击“现在是晚上”的真理性，意在表明使用“现在”“这里”“这个”等语词无法表达纯粹特殊的知识。这些语词同样是普遍的东西，因为有不止一个“现在”和不止一个“这里”。于是，感性确定性在试图表达关于纯粹特殊之物的知识时，已经陷入了通名的必然性之中。

黑格尔认为他已经表明，没有普遍概念就不可能有知识。关于他这个论点，有两种可能的反驳值得一提。第一种反驳针对“每个语词都区分出了一类对象而不是一个特殊对象”的规则提出了一个明显例外，那就是专名。“约翰·洛克菲勒”“罗莎·卢森堡”“悉尼歌剧院”以及其他专名的确挑选出了特殊对象。感性确定性难道不能通过赋予每一个“这个”一个专名来描述它的经验吗？

在《精神现象学》中，黑格尔没有理会专名是其语言观的例外这一事实。但我们可以合理地推测一下他将如何来回答，因为他在《逻辑学》中断言，专名是没有意义的，因为它们不指称名称本身以外的任何东西，即不指称任何普遍的东西。我们可以设想他会说，用专名来表达感性确定性的特殊知识，只不过是给人们觉察到的每一个“这个”贴上了无意义的标签。这些标签什么内容也没有传达。

这就把我们带到了第二种可能的反驳。它承认，感性确定性的知识也许无法变成语言传达给别人，但主张它仍然是知识。我们为什么要假定所有知识都能言说呢？神秘主义者就常常声称，神秘体验的真理是无法言说的，却是所有真理中最深刻的。黑格尔说：“把真理写下来不会使它失去任何东西。”但这么一个朴素的说法也许就是远离真理的第一步。我们难道不应在这一点上拦住黑格尔，强调知识的有效性太过纯粹，以至于无法用语词来表达吗?

对于这种反驳，黑格尔必须做出回应，因为它威胁到了其事业的核心。黑格尔并不否认有某种东西无法用语言来表达，但他断言，这“只不过是某种不真实的、非理性的、被径直相信的东西”。我有充分理由自认为知道我的意思，即使我无法言说它。但事实上这并不是知识，而是一种纯粹主观的个人意见。意见并不是知识，只有公之于众才能变成知识。

黑格尔在阐述这一点时，利用了德语词“meinen”（“认为”或“意指”）的多重含义以及与之相关的名词“Meinung”（“意见”）。如果我们不理会这种用双关语做哲学的方式，我们面对的就是一种断言而不是论证了。不过，某种原则上不可言传的东西不可能是知识，这一断言听起来是有道理的。

现在可以评价一下我们对“这种原始的意识形式代表了真正的知识”这一主张所作的分析。我们曾试图说明，这种仅仅把握了任一时刻呈现在它面前的东西的意识能够掌握什么样的知识，但这种努力失败了，因为事实证明，凭借这种意识形式所达到的真相（truths）要么明显是谬误，要么是永远无法表达的某种纯粹个人的东西。无论是哪种情况，这些据称的真相都不能被接受为知识。

这样，感性确定性就证明了自己的不完善。正如黑格尔在其导言中向我们承诺的，这一结果是从内部取得的——也就是说，要想表明感性确定性的不完善，只需照字面接受它的说法，并试图使之变得更加精确。感性确定性并非被一种竞争性的意识形式所击败，它完全是因为自身的不协调而垮台的。同样，如同导言向我们承诺的，这一结果并不仅仅是否定性的。我们由此认识到，关于纯粹特殊之物的知识是不可能的，因此必须把特殊的感觉经验纳入某种形式的概念框架，这一框架从普遍方面对我们的经验进行分类，从而使我们有可能通过语言来交流经验。要想获得知识，我们就不能被动地经验，而必须让我们的心灵在整理感官所获得的信息时发挥更积极的作用。因此，在黑格尔考察的下一种意识形式中，意识试图主动由未加工的感觉经验材料创造出某种统一性和条理性。

自我意识的出现

从上一节讨论的幼稚的意识形式出发，黑格尔又把意识的发展追溯到两个新阶段，他称之为“知觉”和“知性”。在每一个阶段，意识都比它在前一阶段发挥的作用更积极。在知觉层面，意识根据对象的普遍性质对其进行分类。事实证明这是不够的，因此在知性层面，意识又把它自己的规则强加于实在。黑格尔这里所说的规则是指牛顿的物理学定律以及后来在此基础上建立的宇宙观。虽然牛顿和其他科学家发现的这些定律常被当作实在的一部分，但黑格尔认为，它们仅仅是意识对未加工的感觉经验材料进行分类的一种扩展。正如把这些材料纳入对语言至关重要的普遍范畴使交流成为可能，这些物理学定律也使材料变得更有条理和可以预测。在此过程中运用的“重力”和“力”等概念并非我们看到的实际存在的东西，而是我们的知性为帮助我们把握实在而构造出来的东西。

知性层面的意识并不了解这些构造的性质，它把这些构造当作需要理解的客体。而我们这些追溯意识发展过程的人却能看出，意识实际上是在试图理解它自身的创造物。它把自身当成了它的对象。这意味着意识已经达到了能够反思自身的阶段。这就是潜在的自我意识。随着这一结论的得出，黑格尔《精神现象学》题为“意识”的第一部分就结束了。在接下来题为“自我意识”的部分，黑格尔不再直接研究第一部分所着重关注的认识问题，而是把注意力转向了潜在的自我意识如何发展成为完全明确的自我意识。（当然，这仍然是精神朝着绝对知识阶段发展的一部分。）

欲望着的精神

黑格尔的自我意识概念很重要，它以不同方式影响了马克思主义和存在主义思想家。黑格尔强调，自我意识不可能孤立存在。要让意识成为它本身的一幅恰当图像，它需要某种对照，需要有一个对象来区分出它自身。只有当我也察觉到某种非我的东西时，我才能察觉到自我。自我意识并不单纯是一种思考其自身问题的意识。

自我意识需要一个在它之外的对象，但这一外部对象也是某种与它本性相异的东西，一种与之对立的形态。因此，自我意识与外部对象之间有一种特殊的爱恨关系。在最传统的爱—恨关系中，这种关系以欲望的形式表现出来。欲望某种东西就是希望去拥有它，不把它整个毁掉，同时将它转化成属于你的东西，从而消除其异己性。

欲望概念的引入标志着黑格尔的关注点从发现真理的理论问题转向了改变世界的实践问题。这里预示了马克思主义者极为重视的“理论与实践的统一”。获得真理不能只靠沉思，而要靠影响世界和改造世界。马克思的墓碑上刻着他《关于费尔巴哈的提纲》中著名的第11个论题：“哲学家们只是用不同方式来解释世界，而关键在于改变世界。”在马克思心目中，黑格尔当然属于那些“哲学家们”当中的一个，而且无可否认，马克思对于改变世界的渴望远比黑格尔激进得多。黑格尔本可以指出，马

图14　自我意识认出了另一种自我意识？

克思这些话背后的思想可以在《精神现象学》中找到，那就是：具有自我意识的存在发现，要想充分地实现自己，它必须着手改变外部世界，并使之成为自己的东西。

欲望的出现表明，自我意识需要一个外部对象，但却发现任何外部对象都是对它自身的限制。而欲望某种东西就是不满足，所以用典型的黑格尔的话来说，欲望是自我意识的一种不满足状态。更糟糕的是，自我意识似乎注定永远不会满足，因为如果作为独立客体的欲望对象被取消，自我意识将会毁掉其自身存在所需要的东西。

黑格尔对这一困境的解决方案是：让自我意识的对象成为另一个自我意识。这样一来，每一个具有自我意识的存在都有与之相对照的另一个对象，而此另一“对象”也就不单纯是一个必须被占有，从而作为外部对象被“否定”的对象，而是能够占有自身，从而取消作为外部对象的它自身的另一个自我意识。

如果这看起来很晦涩，请不要担心，黑格尔的文本要更加难懂。评论家伊万·索尔指出，黑格尔在这方面的论点是“极为含混的”。而另一位评论家理查德·诺曼则轻描淡写地处理了这一节，他说：“我发现它的大部分内容无法理解，因此我不会怎么谈它。”黑格尔的核心论点是：自我意识不仅要求某个外部对象，而且要求另一个自我意识。对此的一个解释是，要想看到自己，就需要一面镜子。要想意识到自己是一个具有自我意识的存在，就需要能够观察到另一个具有自我意识的存在，看看自我意识是什么样子。另一种可能的解释是，自我意识只能在社会相互作用的环境中发展。一个孩子如果是在与所有其他具有自我意识的存在完全隔绝的环境中成长起来的，那么其心智发展永远不会超出单纯意识的水平，因为自我意识产生于社会生活。每一种解释听起来都很有道理，但不幸的是，很难把它们中的任何一种与黑格尔使用的措辞联系起来。不过，其中某一种或者全部两种解释也许与黑格尔要说的相类似。

主人与奴隶

现在我们来到了整个《精神现象学》中最为人称道的一节，两个自我意识登场了。为了表述的方便，我们用人来称呼具有自我意识的存在。（当然，黑格尔并没有屈尊使叙述变得更容易。）于是，每个人都需要另一个人来建立他对他自身的意识。每个人到底需要从他人那里得到什么呢？黑格尔说，那就是承认或认可。要想理解这一点，我们需要注意，用来表示自我意识的德文词“*Selbstbewusstsein*”也有“自信”的意思（英文的这个词则与难堪和犹豫相关）。正是德文词的这个含义支持了黑格尔的观点，即我的自我意识受到了另一个未能承认我是一个人的人的威胁。正如理查德·诺曼所指出的，我们可以把R. D. 莱恩等存在主义精神病学家的工作当成对这一思想的详细阐述。如果一个人依赖的所有人都完全不认可他的价值——比如在一个家庭中，某位成员成了家里所有人问题的替罪羊——这个人的身份感就可能被完全毁掉。（根据R. D. 莱恩的说法，精神分裂症便是这种缺乏承认的结果。）

如果这种对承认或认可的需要还不够明白，我们可以用国家取得外交承认作类比。从中国等一些国家为获得外交承认所作的努力以及另一些国家为阻碍其获得所作的努力可以看出，外交承认对国家的重要性是显而易见的。一个国家只有得到其他国家的承认，才算是完全成熟的国家。外交承认的独特性就在于：一方面，它显然只是承认某种已经存在的东西；另一方面，它使某种不够一个国家的东西变成了一个完全的国家。黑格尔关于承认或认可的观念有着相同的独特性。

对承认的要求是相互的。因此有人也许会认为，人们可以和平地彼此承认然后就此了事。黑格尔却告诉我们，自我意识试图变得纯粹，为此它必须表明自己不隶属于纯粹的物质对象。可事实上自我意识无疑双重地隶属于物质对象：它既隶属于自己活的身体，也隶属于他人活的身体，并要求获得他人的承认。一个人要想证明不隶属于这两种物质对象，就要与他人进行生死斗争。通过设法杀死他人，一个人就可以表明他并不依赖于他人的身体，而通过自己生命的冒险，一个人就可以表明他也不隶属于自己的身体。因此，两个人最初的关系并不是和平地相互承认，而是斗争。

很难知道是什么造成了这种局面。黑格尔似乎是说，暴力斗争并非人类事务中的偶然事件，而是人在证明自己是人的过程中的一个必然要素。但黑格尔真的认为，那些没有冒过生命危险的人就不是真正的人或完全的人吗？也许最好是把“证明”过程看成只是使已经隐含的东西变得显明（当然这也显得更慈爱）。（例如，我们证明一则定理，并不因此就使之变得正确，而只是表明它一向是正确的。）根据这种解释，一个从未冒过生命危险的人仍然可以是一个人，尽管他作为人的存在尚未得到证明。如果更显慈爱，我们可以认为黑格尔只是主张，某些人在某时某地必然会以生命为赌注去证明其身体的独立性，这种证明并不需要每个人都去重复。

再回到冲突上来。最初的想法是，每个人都决心置他人于死地。然而，我们只要稍作思考就会发现，这个结果对谁都不利——对失败者不利，因为他将死去；对胜利者也不利，因为那样一来，他就毁掉了他需要确证自己作为人的感觉的那个承认来源。所以胜利者意识到，他人对他来说是至关重要的，因而饶他一命。但两个独立的人最初的平等已经被一种不平等的局面所取代，此时胜利者是独立的，失败者是依赖的。前者是主人，后者是奴隶。

就这样，黑格尔解释了统治者与被统治者之间的分裂。但这种局面同样是不稳定的。黑格尔给出的理由非常具有原创性。

初看起来，主人好像拥有一切。他指使奴隶到物质世界中劳作，而自己则坐享奴隶的侍奉及其劳动果实。但想想主人现在对承认的需要。他固然拥有奴隶的承认，但在主人眼里，奴隶只是一种东西，而根本不是一个独立的意识。主人终究未能获得他所需要的承认。

奴隶的局面和初看起来也不相同。当然，奴隶缺乏充分的承认，因为在主人看来，他只是东西而已。而另一方面，奴隶在外部世界劳动着。主人暂时获得了消费满足，而奴隶却在劳动中加工和制造物质对象。在此过程中，奴隶把自己的观念变成了某种永恒的东西，变成了一个外部对象。（例如他把一方木料制成椅子，那么他对椅子的构想、设计和努力就将一直是世界的一部

图15 奴隶寻求认可

分。）通过这个过程，奴隶越来越意识到自己的意识，因为他把面前的意识看成了某种客观的东西。在劳动中（即使是由一位敌对者指挥的劳动），奴隶发现他拥有自己的精神。

大约40年后，卡尔·马克思提出了他自己的“异化劳动”思想。和黑格尔一样，马克思也把劳动看成一个过程，在此过程中，工人把自己的思想和努力——事实上是在他那里一切最好的东西——投入到他的劳动对象上，由此工人就把自己**对象化**或外在化了。然后马克思非常看重黑格尔著作中隐含的一个思想：如果劳动的对象是他人的财产，尤其是一个异己的敌对者的财产，工人就失去了其自身对象化的本质。这就是奴隶劳动时发生的情况。但正如马克思所主张的，这样的事情在资本主义制度下也会发生。椅子、鞋、衣服以及工人所生产出的一切都属于资本家。工人使资本家得到利润，从而增加了后者的资本并加强了他对工人的统治。因此工人对象化的本质不仅失去了，而且实际上变成了一种压迫他的敌对力量。这就是异化劳动，是马克思早期著作中的关键思想。它预示了马克思批判资本主义经济学所基于的剩余价值观念。

哲学与宗教

对马克思来说，异化劳动问题的解决办法是废除私有财产，并且取消统治者与被统治者的划分。黑格尔则认为自己在追溯意识已经走过的道路，因此并不存在从这里跃至未来某个无阶级社会的问题。事实上，正是在这里《精神现象学》才变得更有历史性，逐渐接近了黑格尔后来在《历史哲学》中更具体论述的内容。主人与奴隶这节过后是对斯多亚主义的讨论，那是在罗马帝国治下变得重要的一个哲学流派，其主要作家既有皇帝马可·奥勒留，也有奴隶爱比克泰德。因此，斯多亚主义弥合了主人与奴隶之间的鸿沟。在斯多亚主义那里，通过劳动而获得充分自我意识的受压迫奴隶可以找到一种自由，因为斯多亚主义教导人们从外部世界——在那里奴隶仍然是奴隶——中抽离出来，退回到自己的意识中去。正如黑格尔所说："在思想中我是自由的，因为我不是在他者之中，而是一直仅与我自身相接触；那对我而言是我本质实在的对象是……我自身的存在。"还有："不论在宝座上还是在枷锁中，这个意识本质上都是自由的。"斯多亚派之所以在枷锁中也仍然是自由的，是因为枷锁对他来说并没有什么。他把自己从肉体中游离出来，在心灵中找到了慰藉，在那里暴君是碰不到他的。

斯多亚主义的弱点在于它的思想是与现实世界割裂的，缺乏任何确定的内容。它所教诲的观念本质上是贫乏的，很快就变得索然无味。接着，斯多亚主义被另一种哲学态度——怀疑论所接替。从怀疑论出发，我们就进展到了黑格尔所谓的"苦恼意识"。由于这种观念对黑格尔的某些继承者非常重要，我将对它作简要讨论。

"苦恼意识"显然是在基督教背景下存在的一种意识形式。黑格尔也称它为"异化的灵魂"，这一表述为理解黑格尔的思想提供了更好的线索。在异化的灵魂中，主人与奴隶的二分被集中到了一种意识上，但这两个要素并没有统一。苦恼意识渴望独立于物质世界，渴望与上帝相像，渴望成为永恒的和纯精神的。但同时它又认识到自己是物质世界的一部分，认识到它的身体欲望以及它的痛苦和快乐是真实的、无法逃脱的，结果苦恼意识就发生了内部分裂。由上一章讨论的黑格尔对康德伦理学的态度，我们对这种观念应该已经不陌生了。只不过在这里，黑

图16　马可·奥勒留（121—180）

格尔考虑的不是康德，而是基督教。回想一下圣保罗所说的“我想做的好事我未能做，而我做的却是违背我意志的坏事”，以及圣奥古斯丁的祈祷“赐予我贞洁和节制吧，但不是现在”。

黑格尔的靶子是一切使人性自身发生分裂的宗教。他断言，这是把人与上帝分开、把上帝置于人类世界之外的“彼岸”的一切宗教的最终结果。他坚称，这种上帝观念实际上是人性的一个方面的投射。苦恼意识没有认识到，它所崇拜的上帝的精神性质其实是**它自己那个自我**的性质。正是在这个意义上，苦恼意识是异化的灵魂：它把自己的本质特性投射到一个它永远达不到的地方，投射到那个创造了现实世界的上帝身上，而它在这个现实世界中的生活却显得悲惨而无意义。

如果不联系黑格尔的其他著作来读他关于苦恼意识的论述，我们很可能会认为他在抨击一切宗教，至少是犹太教、基督教以及认为上帝迥异于人类世界的其他宗教。他似乎是在否认有任何这样的上帝存在，并把我们对上帝的信仰解释为我们自身本质属性的一种投射。只有泛神论，或者把人性本身看成神圣的一种人文主义，才能免受这种谴责。不过正如我们所知，黑格尔是路德会成员，在《历史哲学》等其他几部著作甚至是《精神现象学》本身的稍后一节中，他都是以肯定得多的态度去看待基督教新教的。难道黑格尔在其后来的著作以及个人行为中缓和了对于宗教的激进看法，就像他似乎已经缓和了对于国家的激进看法那样？黑格尔去世后，一群年轻的激进分子接受了黑格尔哲学的这种观点。他们自认为是在遵循黑格尔思想毫不妥协的真正本质，尤其强调黑格尔对苦恼意识的讨论。到本书最后一章，我们再来谈这种后果。

精神的目标

现在我们将跳过《精神现象学》中一大部分内容。在略去的内容当中，有些冗长而晦涩，另一些则在趣味性和重要性方面与我们讨论过的内容接近。有时谈论的话题正是我们希望在一部哲学著作中找到的那些，例如对费希特和康德形而上学思想的讨论，对享乐主义或追求快乐的批判，还有对康德伦理学的讨论，其反驳与我们讨论《法哲学原理》时看到的那些类似。对于在他那个时代因浪漫主义运动而流行的那种道德情感，黑格尔也作了批判性的分析。

另一些论题则更加独特。例如，有很长一节是讨论相面术和颅相学的——这些伪科学基于这样一种观念，即从人的脸形（相面术）或头盖骨上的隆起（颅相学）可以识别人的性格。黑格尔反对这些东西，不是因为有证据说明它们是错误的，也不是因为其他什么世俗的理由，而是出于哲学上的理由：他认为不应把精神与脸或头盖骨这样的物质性的东西联系在一起。

另一个独特的章节分析了建立在亚当·斯密及其学派的自由放任经济理论基础上的社会。根据这一理论，人人都为自己积累财富而工作，但事实上却通过劳动为整体的繁荣做出了贡献。黑格尔的反驳是，由于鼓励个人追求私利，这样的经济制度使人认识不到他是更大集体的一部分。后来，自由企业经济学的批判者们（无论是否马克思主义者）吸收了这一观点并且非常重视。

诸如此类的种种论题和其他许多论题一起构成了黑格尔关于精神的绝对知识之路的构想。我们已经看到他坚持认为，没有一个有自我意识的精神就不可能有充分的认识，以及自我意识是通过加工和改造世界而发展的。从那里开始，黑格尔把整个人类历史都看成精神的发展。和在《历史哲学》中一样，古希腊、罗马帝国、启蒙运动和法国大革命等一些历史时期在《精神现象学》中也有极其重要的意义，它们是精神朝着自由进步的诸阶段。黑格尔在《法哲学原理》中描述的有机社会的许多要素也是如此。然而，尽管有这些广泛的相似性，黑格尔在《精神现象学》中对这些材料的处理方式与他后来在《历史哲学》和《法哲学原理》中的处理还是有区别的。这里我提三点。

读者立刻就能发现的区别是，《精神现象学》并没有给出明确的国家、时期、日期、事件或人物。虽然其中谈到的特定时期和事件通常都非常明显（对于熟悉《历史哲学》的读者来说尤其如此），但一切都仿佛是作为一个一般过程的例子来处理的，精神受其寻求自我实现的内在必然性的驱动而不得不经历这一过程。就好像如果谈及具体的人物、时间或地点，那么就会暗示，一旦人物或环境不同，情况就会有所不同。黑格尔设法给人这样一种印象：即使精神的发展发生在火星，他所描述的过程也同样会发生。事实上，《精神现象学》是如此抽象、如此缺乏时间和地点的感觉，以至于即使精神已经在火星上发展起来，黑格尔也不必改变任何东西。

第二点区别是，《历史哲学》和《法哲学原理》都以实现一个类似于普鲁士形式的君主制国家为顶点，而在《精神现象学》中，这种类型的国家甚至连提都没提。与《历史哲学》类似的章节以法国大革命结束。法国大革命是历史的顶点，因为它代表着绝对自由状态下的精神，知道能够根据自己的意志来改变世界，塑造政治生活和社会生活。与《历史哲学》中给出的理由类似，黑格尔说法国大革命的抽象自由不可避免地走向了自己的反面，走向了否定自由本身的恐怖和死亡。但《精神现象学》并没有给出更进一步的政治发展，而是给出了精神走向更崇高层次的道路：先是走向康德、费希特和浪漫主义者所主张的道德世界观，然后走向宗教的精神状态，最后走向由哲学来实现的绝对知识本身。

至于《精神现象学》为什么没有提到普鲁士国家，有一个显而易见的解释。黑格尔写此书时正在耶拿教书，而不是在普鲁士。况且又是在拿破仑战争时期写的，当时法国是欧洲的主导力量，德意志诸国的未来无法预料。因此要想预见到普鲁士国家的复兴，并使之成为他的政治历史的顶点，黑格尔必须有一种非凡的先见之明。由于未曾提及某个这样的国家（这是可以理解的），认为黑格尔在后期著作中为了取悦其政治主子而放弃了真实想法的那些人自然会喜欢《精神现象学》。

《精神现象学》与后期著作的第三点主要区别是：在《历史哲学》中，黑格尔把历史过程描述为不过是自由观念意识的进步；而在《精神现象学》中，如我们所见，则是强调朝着绝对知识的发展。如果从日常含义来理解这些术语，黑格尔在这两部著作中似乎持有互不相容的不同观点。当然，一个人可以很博学，却被关在暴君的牢房里饱受煎熬；另一个人则可能对一切科学、政治和哲学一无所知，却完全自由地生活在一个热带岛屿上。但我们现在应该很了解黑格尔了，不会贸然从日常含义去理解他的术语。对黑格尔来说，绝对知识与真正的自由是不可分的。就《精神现象学》而言，我们最后的任务是理解他所说的绝对知识是什么意思。为此我们首先需要理解，为什么自由观念意识的进步同时也是精神朝着绝对知识的发展。

我们之前对黑格尔自由概念的考察表明，在他看来，只有当我们能够不受他人、社会环境或自然欲望的强迫来作选择时，我们才是自由的。在考察的最后我们曾经许诺，一旦我们对黑格尔的整个思想体系有了一定认识，就会对这种观点有更好的理解。现在我们已经从《精神现象学》中了解到，黑格尔把整个人类历史都看成精神发展的必然道路。他把精神当作历史的推动力，这一事实表明了他为什么要坚称，我们自己的欲望不论是自然的还是受社会影响的，都是对自由的限制。在黑格尔看来，自由并不是随心所欲地行事，而在于有一个自由的精神。精神必须控制其他一切，而且必须知道它在控制着。这并不意味着（就像对康德那样）本性的非理智方面只是被压抑。就像赋予了传统政治制度以位置一样，黑格尔也赋予了我们的自然欲望和受社会影响的欲望以位置，不过这个位置始终处于一个受精神安排和控制的等级结构之内。

正如我们所看到的，黑格尔所认为的真正自由可见于理性选择。理性乃是理智的本质特性。不为任何强迫所阻碍的自由精神会轻而易举地追随理性，正如不受崇山峻岭阻碍的河流会直奔大海。任何对理性的障碍都是对自由精神的限制。当一切都得到了理性安排时，精神就控制了一切。

我们还看到，黑格尔认为理性从本性上说就是普遍的。如果理性是精神的重要手段，那么由此可以推出，精神从本性上说就是普遍的。人类个体的特殊精神之所以相互联系，是因为它们享有一个共同的普遍理性。黑格尔会把话说得更加坚决：人类个体的特殊精神乃是某种本性上普遍的东西即精神本身的诸方面。理性地安排世界的最大障碍不过是，人类个体没有意识到他的精神乃是这个普遍精神的一部分。精神正是通过铲除这个障碍而向自由前进的。我们还记得在《精神现象学》开篇，意识被局限于对纯粹特殊的“这个”的认识，并且不得不接受隐含在语言中的普遍词项。从那一点开始，每一步都是沿着曲折的道路走向一种精神，它越来越接近于把自己设想为某种既是理性的又是普遍的东西。这就是通向自由的道路，因为当个体的人类精神还囿于自身，而没有认识到理性的力量或理性固有的普遍本性时，它们是无法在理性选择中找到自由的。

一旦理解这一点，自由与认识之间的关联就不难看出了。我们只需要说，人类要想是自由的，就必须充分认识到其理智的那种理性的从而是普遍的本性。这种自我认识就是绝对知识。正如黑格尔在《历史哲学》中所说：

> 埃及人的“精神”以一个**问题**的形式呈现给他们的意识，这一点显见于奈特女神圣庙中的著名铭文：“**我是现在、过去和将来之所是；从未有人揭开过我的面纱**。”……在埃及的奈特那里，真理仍然是一个问题。希腊神阿波罗便是解答，他说：“**人啊，认识你自己**。”这句名言并不打算成为一种自我认识，要看出自己特殊的弱点和缺陷：它并不是劝告个人去认识他的特性，而是号召一般人类去认识自己。

黑格尔很可能会补充说：与此同时，这一般的人类被召唤走向自由。

绝对知识

我们已经看到，《精神现象学》的目标是绝对知识，这与历史的目标是自由意识相关联。自我认识（self-knowledge）既是一种知识形式，又是黑格尔自由概念的基础。但为什么黑格尔要把自我认识称为“绝对知识”呢？我们难道不应该说，自我认识是知识的一部分，但绝不是它的全部吗？毕竟，心理学只是诸多学科中的一种；即使我们加上人类学、生物学、历史学、演化论、社会学以及其他所有能为认识我们自身做出贡献的学科，也还会有许多知识领域完全超出这一范畴之外，或者至多与之有非常远的联系，比如地质学、物理学、天文学等等。这些难道不也是绝对知识的一部分吗？

这一反驳包含着两种误解。其中一种很容易澄清。黑格尔所说的“绝对知识”并不是指关于一切事物的知识。绝对知识乃是关于世界本身的知识，而不是关于纯粹现象的知识。为了获得绝对知识，我们不必知道一切可以知道的东西。越来越多地了解宇宙是科学家的任务。黑格尔的目标是哲学的目标，即表明真正的知识如何可能，而不是科学家的目标，即增加我们所拥有的知识。

第二种误解只有在说明了黑格尔关于终极实在本性的立场之后才能消除。黑格尔自称“绝对唯心主义者”。哲学中的“唯心主义”（idealism）不同于它在日常语言中的含义，它与崇高理想或力求道德完善毫无关系。这一哲学术语其实应当是“观念主义”（idea-ism），而不是“理想主义”（ideal-ism），因为它的含义是：构成终极实在的是**观念**，或者更宽泛地说是我们的精神、我们的思想、我们的意识。与其对立的观点是唯物主义，它主张终极实在是物质的，而不是精神的。（二元论者则相信，精神和物质都是实在的。）

于是黑格尔认为，终极实在是精神而不是物质。他还认为《精神现象学》已经导出了这一结论。从感性确定性阶段开始，认识独立于精神的客观实在的每一次努力都失败了。事实表明，在未纳入意识所产生的概念系统之前，感官所得到的未加工材料是没有意义的。在知识成为可能之前，意识必须理智地塑造世界，对它进行分类和整理。所谓的“物质对象”原来并不是完全独立于意识而存在的东西，而是意识的构造物，包括像“属性”和“实体”这样的概念。在自我意识层面，意识开始认识到科学定律是它自己的创造，于是精神第一次把它自己作为审察的对象。也正是在这一阶段，意识开始既从理智也从实践上塑造世界，它把物质对象拿来加工，按照自己想象的事物应该是什么样子来塑造它们。接着，自我意识也开始塑造它的社会世界，这一过程以发现理性是一切事物的统治者而达到顶点。换句话说，虽然我们开始时只是追溯精神**认识**实在的道路，但在这一道路的尽头却发现，我们一直在观察着那个**构造**实在的精神。

只有基于实在是精神的创造这一观念，黑格尔才能实现他在《精神现象学》导言中提出来的任务，即表明我们可以拥有关于实在的真正知识。我们还记得，黑格尔大肆嘲讽所有那些把认识看成把握实在的某种工具，或者我们借以观察实在的媒介的观念。他指出，所有这些观念都把认识与实在割裂了。康德显然是这种批判的一个靶子，因为他的“自在之物”概念永远超出了认识。黑格尔则保证，《精神现象学》将会达到一点，“在那里认识不再必须超越它自身”，实在将不再是不可知的“彼岸”，而是精神直接认识实在，并与之合为一体。现在我们可以理解所有这一切的意义了：当精神认识到**它所努力认识的东西就是它本身**时，绝对知识就达到了。

这一点是理解整个《精神现象学》的关键。它可能是本书所试图传达的黑格尔所有思想中最深刻的，因此我们再来考察一下。

实在是精神构造的。起初精神并没有认识到这一点。它把实在看成某种独立于它的东西，甚至是某种与它敌对或异己的东西。在这一时期，精神与它自己的创造物相疏离。它试图获得对实在的认识，但这种认识并非真正的知识，因为精神并没有认识到实在的本来面目，所以把实在当成某种无法把握的神秘的东西。只有当精神领悟到实在就是它自己的创造物时，它才能放弃这种对“彼岸”的追求，才能认识到在它之外没有任何东西。然后它认识实在就像它认识自己一样直接和立即，它与实在合为一体。正如黑格尔在《精神现象学》结尾所说：绝对知识是“精神在精神的形态中认识自己”。

就这样，黑格尔使其鸿篇巨制得出了一个大胆的非凡结论。他给哲学的基本问题提出了一种惊人的解决方案，同时也表明为什么历史必须沿着它事实上已经走过的道路前进。至于他的这座宏伟的大厦是否安稳则是另外一个问题；但即使它在我们眼前倒掉，我们也不禁要称赞其设计的宽广和原创。

这一设计有一个特征，我作为向导禁不住想指出来。请问一下你自己，绝对知识**什么时候**能够达到？回答当然是，一旦精神认识到实在是其本身的创造，它并没有什么“彼岸”要去认识，绝对知识就达到了。这是在什么时候发生的呢？鉴于这种实在观念是黑格尔《精神现象学》的最后结果，它必定发生在黑格尔自己的精神把握了宇宙本质的时刻。根据黑格尔的看法，当他黑格尔理解了实在的本质时，精神就来到了它最终的栖身之地。对于一部哲学著作来说，几乎不会有比这更宏大的结论了。《精神现象学》的最后几页不仅是对整个人类历史顶点的**描述**，而且**就是**这个顶点。

两个问题

黑格尔的哲学显得如此恢宏壮丽，以至于质疑它似乎显得琐碎而不重要。但还是有许多问题可以追问。我将简要讨论两个核心问题。

第一个问题与黑格尔的唯心主义有关。我们也许承认，没有理智对感官所接收的未加工材料进行构造，就不可能有知识。我们还可能承认，人类通过对世界起作用，从理论和实践两方面塑造着他们的世界。但即使把这一切甚至更多的内容考虑进去，也仍然会有一个顽固的信念挥之不去，那就是必定存在着某种“外在的”、独立于我们经验的东西。毕竟，说精神把它的范畴强加于它从感官获得的未加工材料——强加于直接呈现于感性确定性层面的意识的“这个”——等于预设了存在着来自某个地方的未加工材料。黑格尔可以否认这种未加工材料等于知识，但他无法否认这暗示有精神本身之外的某种东西存在。同样的观点甚至更明显地适用于精神通过对世界起作用而实际塑造世界这一看法。米开朗琪罗也许是先想到了“大卫”，然后取来一块大理石，依照其思想把它变成了一尊雕像。但如果压根就没有大理石，他就不可能前进。

这一思路引导康德（在理论领域而不是实践领域）假定了他那不可知的“自在之物”。黑格尔对这种观念作了一些敏锐的批判，但他真的表明没有这个观念也行吗？

第二个问题也来自黑格尔的唯心主义。有些唯心主义者是主观主义者，他们坚持认为终极实在是人**自己的**思想和感觉。不同的精神可能有不同的思想和感觉，如此一来，就不可能判定一个精神的内容正确而另一个精神的内容错误了——事实上，根据这种观点，这些划分是毫无意义的，因为他们错误地预先假定有一种客观实在超出了个人精神的思想和感觉之外。黑格尔拒绝接受这种对应于所存在的无数不同的精神就有无数不同的

“实在”的观点。他把这种形式的唯心主义称为**绝对唯心主义**，以区别于主观唯心主义。对黑格尔来说只有一个实在，因为最终只有一个精神。

现在我们就回到了一开始考察《精神现象学》时所提出的问题：如果黑格尔认为只有一个精神，那么他所说的“精神”（mind）到底是什么意思呢？他必定是指某种集体的或普遍的精神。那样一来，带有各种宗教含义的spirit难道不是一种更好的译法吗？集体的精神从根本上说难道不是一种宗教观念吗？我们难道不应把它当作黑格尔的上帝观念吗？

也许是这样。但如果我们到头来不得不接受这种看法，那么一开始就用spirit来翻译，比现在用mind来翻译可以更好地理解黑格尔思想中的含混不清和不明确之处。

不可否认，黑格尔的精神概念仍然有不明确之处。一方面，他需要一个集体的或普遍的精神概念，不仅是为了避免一种主观形式的唯心主义，也是为了证明其观点的正确性，即精神逐渐把整个实在看成它自己的创造。如果有无数个不同的个体精神，那么任何一个精神都不可能把大部分实在当作它自己的实际创造，因为大部分实在将由其他精神的实际创造所构成。精神在达到绝对知识之前构想世界的方式——也就是把世界看成某种独立于它甚至是与它敌对的东西——将经常被证明并非欺骗，而是确确实实的事实。所有这一切似乎都迫使我们不得不接受对黑格尔的一种解释，即把黑格尔的“精神”理解成某种宇宙意识。当然，这并非把上帝看成与宇宙分离的传统观念，而是与那些主张“万物归一”的东方哲学更为相近。

另一方面，黑格尔自视为理性的彻底捍卫者。这与他关于精神所说的话以及需要说的话能够协调起来吗？协调的一个办法也许是认真考虑黑格尔在何种程度上相信意识必然是社会的。从《精神现象学》的第一部分开始黑格尔就强调，知识只有在能够交流时才是知识。语言的必要性将一种完全独立的意识这一观念排除在外。意识要想发展成自我意识，就必须与其他意识发生相互作用。最后，精神只有在一个合理组织起来的共同体中才能找到自由和自我理解，所以诸精神并不是偶然联系在一起的分离的原子。个体精神是一起存在的，否则就根本不存在。

黑格尔关于精神的社会理论很重要，特别是因为它对后来思想的影响，但也许这还不足以使我们把他所说的认识理解成精神与它自身相一致。不过还有第二个要素可以拿来用，那就是他关于理性的普遍性的看法。我们已经看到，黑格尔把理性看成精神的根本原则，把理性看成本质上普遍的。因此他才能说：就个体精神真正是精神——而不是自私的或反复无常的欲望——而言，它们都会彼此和谐一致地思想和行为，都会彼此承认有同一个基本的本质。这个基本的本质——这个“普遍精神”——既不是一个个体精神，也不是一个集体精神，而就是理性的意识。

这也许是对理性本质和精神本质的一种极端而片面的看法。它可能基于——正如我提到黑格尔的政治哲学可能基于——一种关于人类精神之间能否和谐的、受到误导的乐观主义看法。但它并非退避到一种宇宙意识的神秘统一性中去。至于它是否是对《精神现象学》核心要义的正确解释，则是另一个问题。

第五章

逻辑与辩证法

正如我在本书前言中所说，我不打算去阐释黑格尔的《逻辑学》。但另一方面，我又不愿留给读者一种错误的印象，就好像《逻辑学》在黑格尔整个哲学体系中并不重要或只是外围工作。因此，我也要谈谈黑格尔写作《逻辑学》的目的。借此机会，我将解释一下往往被视为黑格尔在逻辑方面最伟大发现的辩证法。

黑格尔的逻辑观念

黑格尔在《逻辑学》导言中告诉我们，逻辑的目标是真理。这一切都没什么问题，但那是一种什么样的真理呢？黑格尔从对这一学科的传统看法开始谈起，传统看法从一开始就把形式与内容分开，认为逻辑研究的是正确思考或有效思考的形式，而不管其内容是什么。通常所理解的逻辑研究的是下面这样的论证形式：

所有是A的东西都是B，

x是A，

因此x是B。

这里我们有了一种没有内容的形式。分别对应于A、B和x，我们可以写“人”“会死的”和“苏格拉底”，或者“四条腿的动物”“有毛皮的”和“我的宠物乌龟”。在这两种情况下，该论证都是有效的，尽管如果前提错误，结论也可能错误。有效性关乎形式，而非内容。逻辑学家对内容不感兴趣。

这种形式与内容的分离使得逻辑无法告诉我们有关现实世界的任何东西。即使人不会死，或者乌龟有毛皮，逻辑所描述的论证形式也是一样。即使根本就没有人和乌龟，这些形式也不会改变。

如果我们还记得黑格尔在《精神现象学》中是如何通过质疑认知者与被认识对象之间的通常区分而开始研究认识问题的，那么当我们得知，黑格尔提到这种形式与内容的传统区分只是为了否定它，就不会感到奇怪了。黑格尔说，逻辑是对思想的研究。但是在《精神现象学》中他已经表明，没有独立于思想的客观实在。思想就是客观实在，客观实在就是思想。因此当逻辑研究思想时，它必定也在研究实在。黑格尔明确指出：“如果我们还想使用**质料**（matter）一词”，逻辑的内容就是“真正的名符其实的质料”。他进而为我们提供了逻辑主题的一些意象。他说，逻辑就是真理本身，“真理本身是毫无蔽障、自在自为的”，或者换句话说，“这个内容就是上帝的启示，展示永恒本质中的上帝在创造自然和一个有限的精神以前是怎样的”。

沃尔特·考夫曼称这句话“也许是黑格尔所有著作中最疯狂的意象”，然而它所暗示的思想却并非与逻辑说不出关于世界的任何东西这一传统看法完全无关。黑格尔说，逻辑不涉及自然界和有限精神的世界，这是部分接受了传统看法。而他最急于摈弃的是这样一种观念，即实在或真理**只有**在自然界和人类世界中才能找到。恰恰相反，根据黑格尔的绝对唯心主义，终极实在只有到精神或理智而不是物质中才能找到。确切地说，只有在理性思想中才能找到。因此，逻辑研究的是纯粹的终极实在，这种实在已经从它在有限的人类精神或自然界中表现出来的特殊形式中抽象出来。

黑格尔关于精神就是终极实在的看法对逻辑的重要性有进一步的影响。既然精神塑造世界，那么研究理性思想将会揭示塑造世界所依据的原则。用黑格尔自己的意象来说就是：理解上帝创世之前的永恒本质就是理解创世的依据。

辩证法

马克思在写作《资本论》时曾写信给恩格斯说：

> 我碰巧又把黑格尔的《逻辑学》浏览了一遍，这在处理事实的**方法**上帮了我很大的忙。……如果以后再有工夫做这类工作的话，我很愿意用两三个印张把黑格尔所发现，但同时又加以神秘化的方法中所存在的**合理的**东西阐述一番，使一般人都能够理解……

马克思这里提到的方法当然是辩证法，黑格尔称之为学术阐释和科学阐释的“唯一正确的方法”。他在《逻辑学》中正是用辩证法来揭示纯粹思维形式的。

马克思从未找到时间来写他对辩证法合理内容的解释。不过其他许多人写了，而且远比马克思打算写的要长。在这些评注家当中，有些人吹嘘辩证法可以替代所有之前的逻辑形式，可以取代像本章开头给出的简单三段论那样的普通推理。但在黑格尔那里，没有任何东西可以证明这些对辩证法的过分夸奖是正当的，也没有任何必要像另一些人那样，把辩证法当作某种神秘深奥的东西。黑格尔说，这是一种有着“单纯节奏”的方法，掌握它并不需要什么高超技巧。

事实上，我们在阐释《精神现象学》时一直在走辩证法的两个步骤，因为正如黑格尔所说，这部著作是“这种方法应用于一个更加具体的对象即意识的一个范例”。只有黑格尔会把《精神现象学》中描述的意识看成一种相对具体的对象。不过黑格尔后来的著作中包含有辩证法的更加具体的例子。为了阐释的方便，让我们从《历史哲学》中的一个例子谈起。

在《历史哲学》中，一场宏大的辩证运动主导了从希腊到现在的世界历史。希腊是一个基于惯常道德的社会，一个公民把自己等同于共同体并且想不到反对它的和谐社会。这个合乎习惯的共同体构成了辩证运动的起点，用专门术语来说就是**正题**。

下一个阶段是，这个正题表现出了自己的不完善或不一致。就古希腊共同体而言，这种不完善是通过审问苏格拉底暴露出来的。希腊人是不能没有独立思想的，但独立的思想者却是惯常道德的死敌。于是在独立思考的原则面前，这个基于习惯的共同体崩溃了。现在轮到这条原则发展了，这是在基督教的影响下进行的。宗教改革使人们接受了个人良知的最高权利。希腊共同体的和谐已经失去，但自由取得了胜利。这就是辩证运动的第二阶段。它是第一阶段的对立面或否定，因此被称为**反题**。

然后，第二个阶段也表明自己是不完善的。事实证明，它所理解的自由过于抽象和贫瘠，无法充当社会的基础。付诸实践后，绝对自由原则成了法国大革命的恐怖。于是我们可以看到，无论是惯常的和谐还是个体的抽象自由都是片面的。必须把它

图17　学生时代的卡尔·马克思（1818—1883）

们结合和统一起来，既保留它们，又避免其不同形式的片面性。这便引出了第三个阶段也是更完善的阶段，即**合题**。在《历史哲学》中，整个辩证运动的合题就是黑格尔时代的德意志社会。他认为这个社会是和谐的，因为它是一个有机共同体，而它又保留了个体的自由，因为它是合理组织起来的。

任何辩证运动都终止于合题，但并不是任何合题都会把辩证过程带到终点，就像黑格尔认为他那个时代的有机共同体已经把历史的辩证运动带到终点那样。虽然合题恰当地调和了先前的正题和反题，但事实往往证明，合题在其他某个方面是片面的。于是它将充当一个新的辩证运动的正题而使过程继续下去。在《精神现象学》中，我们看到这种过程发生了不止一次。例如，讨论意识的那一节以自我意识的出现而结束。我们把自我意识作为正题，看到它还需要某个对象以从中分化出自己，这个外部对象可被视为反题。这并不能令人满意，因为外部对象是某种与自我意识异质或敌对的东西。它们的合题就是欲望，自我意识在欲望中保留了外部对象，但使之成为自身的东西。之后欲望的状态又被证明不能令人满意，于是我们走向了本身就是一个自我意识的外部对象。也许可以把这第二个自我意识看成第一个自我意识的反题，两者的合题则是主人统治奴隶从而获得承认的一种局面。这一新的合题并不比之前的合题更长久，因为奴隶最终要比主人具有更多的独立性和自我意识。这一反题在同时关于主人和奴隶的斯多亚主义哲学那里又找到了它的合题，如此等等。

在《逻辑学》中，同一方法被用于我们用以思维的那些抽象范畴。黑格尔首先讨论了最无规定性、最无内容的概念：有，或空洞的存在。他说，纯有就是纯粹的无规定性和空。纯有之中没有任何可以为思维所把握的对象。它完全是空。事实上，它就是无。

《逻辑学》的辩证法就是从这个激动人心的开端向前发展的。第一个正题**有**，变成了它的反题**无**。有和无既对立又同一，因此它们的真理就是这种彼此间的融合和分离，换句话说就是**生成**。

就这样，辩证法继续向前发展，但我们不再进行追溯。我们已经足以把握辩证法的思想了。对黑格尔而言，辩证法是一种阐释方法，但他说，这种方法“与它的对象和内容绝没有什么区别——因为推动它前进的正是内容本身，即**它本身所拥有的辩证法**”。在我们的思维范畴中，在意识的发展中，在历史的进步中，有许多对立因素导致了看似稳定的东西瓦解，由此产生的新东西调和了之前的对立因素，但也发展出了它自身的内在张力。这个过程是必然的，因为无论是思想还是意识都不可能以完满的形式产生出来。只有通过辩证发展的过程，它们才能达到完满。根据黑格尔的说法，辩证法之所以能够充当一种阐释方法，是因为世界就是辩证运作的。

绝对理念

黑格尔《逻辑学》中最重要的目标很明确，那就是证明绝对唯心主义的必然性。正如我们所看到的，他试图从空洞的概念——有——出发，表明这个概念由辩证的必然性导向了能够更为准确和真实地把握实在本质的其他一些概念。而这些概念同样被证明是不完善的，并需要其他概念，直到我们最终达到“绝对理念”为止。关于绝对理念，黑格尔说：“一切其他东西都是错误、朦胧、意见、趋向、任意和可消逝性；唯有绝对理念是有，是不消逝的生命，是自知的真理并且是全部真理。”因此，《逻辑学》与《精神现象学》很相似，只不过它是概念领域而不是意识领域中的运动。所以它的目标不是绝对知识，而是绝对理念本身。至于它是否成功地证明了绝对唯心主义的必然性，我这里不去考虑。不过要想找到一位当今在世的哲学家相信黑格尔成功做到了这一点，恐怕要颇费一番气力。

那么，什么是“绝对理念”呢？这个问题并不容易回答。最好的回答也许是：一切事物。但这听起来还不是很明白，所以我将试着说得更明确些。

黑格尔说，绝对理念“包含着每一个规定性”。他的意思是，绝对理念在自身之中包含着每一个确定的或独特的事物——每一个人、每一棵树、每一颗星、每一座山、每一粒沙。他说，自然和心灵是显示绝对理念存在的不同方式，是绝对理念的不同形态。艺术和宗教则是领悟绝对理念的不同方式，或者用黑格尔的话说，艺术和宗教是绝对理念领悟它**自身**的不同方式。（这是一种将自己包括在内的自我领悟，因为人是绝对理念的一部分。）哲学也是领悟绝对理念的一种方式，但其形态要比艺术或宗教更高，因为它从概念上来把握绝对理念，因此不仅懂得其自身的领悟形式，而且也懂得审美和宗教的领悟形式。

以独特而有限的形态显示自身，然后返回自身，这属于绝对理念的本质。绝对理念以自我领悟的形式返回自身。这就是我们在《历史哲学》《精神现象学》以及现在在《逻辑学》中看到的过程。在《法哲学原理》所描述的那种理想国家中，自我领悟成了一种客观的社会形式。在《美学讲演录》和《宗教哲学讲演录》中，黑格尔把各种形式的艺术和宗教当作领悟绝对理念的样式来评价其完善性。不论是表面上还是潜藏在深处，绝对理念的自我领悟都是黑格尔整个哲学的核心主题。

我曾说过，在黑格尔看来，绝对理念就是一切事物。我也说过，它试图领悟自身。于是我们又回到了对《精神现象学》的讨论结束时留下的一个悬而未决的问题：黑格尔真的相信包含一切事物在内的整个宇宙构成了某种有意识的东西吗？绝对理念是上帝吗？

显然，虽然黑格尔是路德宗信徒，但他并非正统的基督教有神论者。《精神现象学》关于"苦恼意识"那一节的要旨也时常出现于其他一些著作。把上帝看成某种与世界分离的东西，这是使人的灵魂疏离。如果上帝存在，他就在世界中，人类则分有他的本性。

那么，黑格尔是否是一个断言上帝完全与世界同一的泛神论者呢？这种解释固然可能与他的某些说法一致，但在《宗教哲学讲演录》中，他明确反对泛神论，甚至否认有人说过"万物是上帝"。当然，黑格尔并不认为特殊的事物和有限的人类就是上帝。

黑格尔有没有可能是一个无神论者呢？我们已经看到，他把哲学视为一种高于宗教的领悟绝对理念的方式。意大利哲学家贝内代托·克罗齐曾说，黑格尔的哲学是"完全不虔敬的，因为它并不满足于与宗教相对抗，或者让宗教与自己相并列，而是让宗教变成自己，并以自身去代替宗教"。克罗齐正确地指出了为什么拒绝赋予宗教以最重要位置的黑格尔哲学在深层是不虔敬的。但可以看出，黑格尔还有其他许多思想是有宗教气质的，比如他在描述《逻辑学》本质时所使用的那些意象和隐喻；还有他的历史哲学，旨在说明历史如何在精神的指引下朝着它的目标前进；还有他对终极实在的看法，认为终极实在能够领悟自身，这暗示终极实在是人格化的。因此，把黑格尔说成无神论者违反了他的一些最核心的思想。

图18 黑格尔（1770—1831）

不是正统的有神论者，不是泛神论者，也不是无神论者——那会是什么呢？若干年前，研究黑格尔的学者罗伯特·惠特莫尔指出，黑格尔是一个超泛神论者（panentheist）。这个词来自希腊文，意思是“万物都在神之中”。它描述了这样一种观点，即宇宙万物都是神的一部分，但与泛神论（pantheism）不同，在超泛神论那里，神比宇宙更重要，因为神是整体，而整体要比它的所有部分之和更伟大。这就像一个人不只是组成他身体的所有细胞一样——尽管这个人离开了身体就什么也不是。所以根据这种观点，神要比宇宙的所有组成部分之和更多，但又不与它们相分离。同样，正如单独的细胞加起来并不等于一个人，宇宙的个别部分加起来也不等于神。

惠特莫尔的解释似乎是有道理的，不仅是因为它与黑格尔关于上帝的具体说法相一致，而且因为它理解了黑格尔哲学最重要的主题。如果上帝是绝对理念，是宇宙的终极实在，是其各个部分的整体，我们就可以理解为什么绝对理念必定会在世界中显示自身，并且在那里发展到自我领悟。上帝需要宇宙就像人需要身体一样。

上帝缺少了某种东西，大多数宗教信徒都会很反感这种想法。在他们看来，黑格尔也许说的正是这样的事情，遂把他的哲学解释为不虔敬的。但我认为这是错误的。因为黑格尔并没有把上帝看成永恒不变的，而是看成了一种需要在世界中显示自己的本质，在显示之后还要为了完善自己而去完善世界。这种想法虽然奇特，但却很有力量。它极为强调发展的必然性，因为历史的前进是上帝为了实现完满而必须走的道路。黑格尔虽然外表保守，却对激进的革命思想家产生了巨大影响，其奥秘也许就在这里。

第六章

余波

黑格尔去世后，那些自视为其追随者的人分成了两个阵营。正统黑格尔派或黑格尔右派遵循其晚年风格，把他的宗教观点与基督教新教调和起来，并且接受《法哲学原理》中对普鲁士国家总体上正面的看法。这个保守的黑格尔主义学派没有产生什么重要的思想家，在柏林以半官方哲学的地位维持几年之后便迅速衰落，以致到了19世纪60年代，黑格尔哲学在德国已经完全过时。

另一个阵营则非常不同，它由一群思想激进的青年人组成。他们对黑格尔的态度就像黑格尔对康德的态度。就像黑格尔一直认为康德的自在之物学说未能完成其哲学的根本含义，黑格尔的这些弟子也认为，黑格尔接受基督教、普鲁士国家和他那个时代的一般状况，也是未能完成其哲学的根本含义。这群人被称为青年黑格尔派或黑格尔左派，未来取决于他们。

青年黑格尔派认为黑格尔的哲学在要求一个更美好的世界。这是一个合理组织起来的世界，一个真正自由的世界，个人与社会之间的对立将被克服。简而言之，这个世界可以反映出人类精神及其理性力量的绝对至上。在青年黑格尔派看来，这个更美好的世界并不单纯是一种幻想出来的乌托邦理想，而是黑格

图19 青年黑格尔派在争论，恩格斯（1820—1895）绘

尔体系的历史与哲学论证的最终完成。它是一种辩证的必然性，是一个必定会出现的合题，以使他们那个世界中的各种对立因素得以调和。

对于那种认为19世纪30年代的德国已经实现了黑格尔哲学承诺的想法，青年黑格尔派嗤之以鼻，他们着手实现自己的激进看法。首先他们把宗教看成对一个可以使人充分发挥潜力的社会的关键障碍。通过发展《精神现象学》“苦恼意识”一节中的线索，他们指出宗教是一种异化形式。人创造了上帝，然后又想象上帝创造了自己。人把他自身之中所有最好的东西——知识、善和力量——都赋予了他的上帝形象，然后又在他自己创造的这个形象面前顶礼膜拜，而把自己看成无知、有罪和软弱。要使人类恢复其完整力量，只需使他们认识到，人类才真正是神性的最高形态。

为此，两个青年黑格尔派撰写了对19世纪宗教思想有巨大影响的著作。大卫·弗里德里希·施特劳斯写了一本卓越的《耶稣传》。通过把福音书作为历史批判的原始材料，他给后来关于历史上的耶稣的所有研究树立了典范。路德维希·费尔巴哈的《基督教的本质》则把一切传统宗教都说成人把自己的属性投射到另一个领域，遂成为发展一种宗教信仰心理学的第一次现代尝试。早在黑格尔本人的著作在德国以外还几乎不为人所知时，由玛丽安·埃文斯（她还协助翻译了施特劳斯的著作，以笔名乔治·艾略特广为人知）译成英文的这部著作已经有了广泛的世界影响。

接着，青年黑格尔派越过了宗教。费尔巴哈以更为激进的方式，用黑格尔的思想来反对黑格尔。他指责黑格尔以一种神秘的方式来给出关于世界的真理。黑格尔相信精神是终极实在，所以一直把世界中的不和谐问题看成思想领域中的一个问题，因此认为哲学能够解决它。现在费尔巴哈把黑格尔颠倒过来。不能由思想推导出存在，而应由存在推导出思想。人的真正基础并不在精神，反倒是精神的真正基础在人那里。黑格尔的哲学本身是一种异化形态，因为他把实际的活生生的人的本质当成了某种外在于他们自身的东西——“精神自身”。费尔巴哈说，我们既不需要神学，也不需要哲学，而是需要一种研究现实生活中实际的人的科学。

此时距离青年黑格尔派的著作使黑格尔思想的要素对世界历史产生持久影响已经为期不远了。黑格尔去世后大约六年，卡尔·马克思来到了柏林大学。很快他便结识了青年黑格尔派，并参与了当时流行的宗教批判。当费尔巴哈宣称需要超出思想

图20 路德维希·费尔巴哈（1804—1872）

领域时，马克思热情回应了这一号召。在《1844年经济学哲学手稿》中，马克思称赞了黑格尔《精神现象学》关于异化和劳动重要性的论述，然后发展出了他自己关于资本主义制度下劳动作为主要异化形式的看法。马克思指出，要使人类获得解放，就必须消除异化劳动；而要消除异化劳动，就必须废除私有财产和与之伴随的工资制度：换句话说就是建立共产主义。

在年轻时写的《1844年经济学哲学手稿》中，马克思用所有黑格尔主义者都很熟悉的术语描述了共产主义：

> 共产主义……是人与自然之间、人与人之间对立的真正解决，是存在与本质、对象化与自我确立、自由与必然、个体与类之间冲突的真正解决。它是历史之谜的解答，而且它知道自己就是这种解答。

到了晚年，马克思使用的黑格尔术语没有那么多了，但他从未放弃他通过改造黑格尔哲学所达到的对共产主义的看法。

假使已故的思想家们死而复生，看到他们的思想产生了什么后果，猜测一下他们会说些什么，这即便无益也是很有趣的。很少有人会像黑格尔那样吃惊地看到，其哲学的历史顶点并非对绝对理念的领悟，而是一百多年来在全世界激起革命运动的一种对共产主义社会的憧憬。

索　　引

（条目后的数字为原文页码）

A

B

C

D

E

F

G

H

I

J

K

L

M

N

O

Y

Peter Singer

HEGEL

A Very Short Introduction

115

In memory of my father, Ernest Singer

Preface

No philosopher of the nineteenth or twentieth centuries has had as great an impact on the world as Hegel. The only possible exception to this sweeping statement would be Karl Marx – and Marx himself was heavily influenced by Hegel. Without Hegel, neither the intellectual nor the political developments of the last 150 years would have taken the path they did.

Hegel's impact alone makes it important to understand him; but Hegel's philosophy is in any case worth studying for its own sake. His profound ideas led him to some conclusions that strike the modern reader as bizarre, even absurd. Whatever one thinks of his conclusions, however, there are arguments and insights in his work that retain their force to the present day. The effort required to understand Hegel is repaid by them, and also by the satisfaction of having mastered the challenge to our comprehension that Hegel represents.

That Hegel does present a challenge is undeniable. Commentaries on Hegel are studded with references to the 'Himalayan severity' of his prose, to his 'repulsive terminology', and to the 'extreme obscurity' of his thought. To illustrate the nature of the problem, I have just now picked up my copy of what many consider to be his greatest work, *The Phenomenology of Mind*, and opened it at random. The first complete sentence on the page on which it opened (p. 596) reads: 'It is merely the restless shifting change of those moments, of which one is indeed being-returned-into-itself, but merely as being-for-itself, i.e. as abstract moment, appearing on one side over against the others.' Admittedly, I have wrenched the sentence from its context; even so, it indicates some of the difficulties one has in making sense of Hegel. Equally formidable sentences can be found on every one of the *Phenomenology*'s 750 pages.

To explain the work of such a philosopher in a short book intended for an audience with no prior knowledge of his work is no easy task. To make the task a little more manageable, I have done two things. The first is to limit the scope. I have not attempted to give an account of all of Hegel's thought. So the reader will find here no account of what Hegel said in his *Lectures on Aesthetics*, nor of his *Lectures on the History of Philosophy*, nor of his *Lectures on the Philosophy of Religion*, nor of anything in his *Encyclopedia of the Philosophical Sciences*, except where these works overlap with other works that are discussed. (In the case of the *Encyclopedia* the overlap is considerable, the major section not covered elsewhere being that on the philosophy of nature.) These omissions are significant, of course, but I console myself with the thought that Hegel himself would not have considered them absolutely central to his philosophical system. More serious, however, is the absence of any detailed account of Hegel's *Science of Logic*, which he undoubtedly did consider a key work. I have tried to give something of the aim, method, and flavour of it, but the *Logic* is so very long and so very abstract that an adequate account is, in my view, beyond the scope of any short introduction to Hegel.

The second part of my strategy for making the lofty heights of Hegel's thought accessible to novices is to select the gentlest possible approach route. Accordingly I begin with the most concrete, least abstract, part of Hegel's thought, his philosophy of history. From there, still remaining on the social and political level, we move upwards to his views of freedom and the rational organization of society. Only then do we attempt the rocky pinnacles of the *Phenomenology*, after which our ascent a short way up to the *Logic* will take little extra effort.

Hegel scholars may object to the selection of works I have chosen to discuss, or to the order in which I discuss them. I have already indicated that the order is not intended to suggest anything about how Hegel himself would have chosen to present his ideas. As for the selection, I do not pretend that Hegel thought his *Lectures on the Philosophy of History* any more important than, say, the section of his *Encyclopedia* on the philosophy of nature. All I know is that I do not have space to discuss them both, and I am certain that Hegel's philosophy of history has been more important to the development of modern thought, and remains to this day far more interesting to the general reader, than his philosophy of nature. (Don't be misled by the title: Hegel's philosophy of nature does not contain his musings upon the value and beauty of forests and mountains. It is Hegel's attempt to show how the findings of the natural sciences – physics, chemistry, biology, etc. – conform to his logical categories. Much of what Hegel said has since been rendered obsolete: for example, his view that nature cannot develop is falsified by our knowledge of evolution.) My selection has therefore been influenced by three separate factors: what is central to Hegel's thought, what can be rendered intelligible to the general reader within the length of this volume, and what remains interesting and important to people today.

For the view of Hegel expressed in the following pages, I am indebted to many people. At Oxford I was fortunate to be able to attend two remarkable series of classes offered by J. L. H. Thomas, who forced his students to probe passages of the *Phenomenology* sentence by sentence, until they yielded their meaning. The detailed work we did in those classes was admirably complemented by the broader brushwork of Patrick Gardiner's lectures on German Idealism. My other debts are to the authors of books from which I have freely plundered their best (I hope) ideas. Most prominent among these are Richard Norman's *Hegel's*

Phenomenology, Ivan Soll's *An Introduction to Hegel's Metaphysics*, and two books entitled *Hegel*, one by Walter Kaufmann and the other by Charles Taylor. Bob Solomon read the original typescript and suggested some improvements, as did Henry Hardy, Keith Thomas, and an anonymous OUP reader.

It remains only to thank Jean Archer for her excellent typing, and Ruth, Marion, and Esther for allowing me some time to work during their summer holidays.

Peter Singer

Contents

List of illustrations

1. The house in Stuttgart in which Hegel's family lived at the time of his birth.

Chapter 1
Hegel's times and life

Hegel's times

Georg Wilhelm Friedrich Hegel was born in Stuttgart in 1770. His father was a minor civil servant at the court of the Duchy of Württemberg. Other relatives were teachers or Lutheran ministers. There is nothing particularly extraordinary to relate about his life, but the times in which he lived were momentous, politically, culturally, and philosophically.

In 1789 news of the fall of the Bastille reverberated around Europe. It is of this moment that Wordsworth wrote:

> Bliss was it in that dawn to be alive,
> But to be young was very heaven!

Hegel was just short of his nineteenth birthday. He too was later to call the French Revolution a 'glorious dawn' and to add: 'All thinking beings shared in the jubilation of this epoch.' Sharing in it himself one Sunday morning in spring, he went out with some fellow students to plant a liberty tree, a symbol of the hopes sown by the Revolution.

By the time Hegel was twenty-one, the Revolutionary Wars had begun, and Germany was soon to be invaded by the revolutionary armies. The area we now know as Germany then consisted of more than 300 states, duchies, and free cities, loosely linked together as the Holy Roman Empire under the leadership of Francis I of Austria. Napoleon put an end to this thousand-year-old empire when he trounced the Austrians at Ulm and Austerlitz, and then in 1806 crushed the armies of the next most powerful German state, Prussia, at the battle of Jena. Hegel was living in Jena at the time. One might have expected his sympathies to have been with the defeated German state, but a letter he wrote the day after Jena was occupied by the French shows only admiration for Napoleon: 'The Emperor – this world soul – I saw riding through the city to review his troops; it is indeed a wonderful feeling to see such an individual who, here concentrated into a single point, sitting on a horse, reaches out over the world and dominates it.'

This admiration remained throughout the period in which Napoleon ruled over Europe; and when in 1814 Napoleon was defeated, Hegel referred to this as a tragic thing, the spectacle of an immense genius destroyed by mediocrity.

The period of French power, between 1806 and 1814, was a period of reform in Germany. In Prussia, von Stein, a liberal, was appointed chief adviser to the king, and immediately abolished serfdom and reorganized the system of government. He was followed by von Hardenberg, who promised to give Prussia a representative constitution; but after Napoleon's defeat these hopes were dashed. The Prussian king, Frederick William III, lost interest in reform and in 1823, after years of delay, set up only provisional 'estates' which could do no more than advise, and in any case were completely dominated by landowners. Moreover in 1819, at a meeting at Carlsbad, all the German states agreed to censor newspapers and periodicals and to adopt repressive measures against those who advocated revolutionary ideas.

From a cultural point of view, Hegel lived in the golden age of German literature. Twenty years younger than Goethe and ten years younger than Schiller, he was nevertheless old enough to appreciate all of their

mature works as they appeared. He was a close friend of the poet Hölderlin, and a contemporary of the leaders of the German Romantic movement, including Novalis, Herder, Schleiermacher, and the Schlegel brothers. Goethe and Schiller were major influences on Hegel, and he was obviously taken with some of the Romantic movement's ideas, though he rejected most of what the Romantics stood for.

Most significant of all for Hegel's development was the state of German philosophy in the period in which he worked. To appreciate the background to Hegel's own thought, we need to begin this story with Kant, and briefly sketch what happened thereafter.

Immanuel Kant published the *Critique of Pure Reason* in 1781. This is now regarded as one of the greatest philosophical works of all time. Kant set out to establish what our reason or intellect can or cannot achieve in the way of knowledge. He concluded that our mind is no merely passive receiver of information obtained by our eyes, ears, and other senses. Knowledge is only possible because our mind plays an active role, organizing and systematizing what we experience. We know the world within a framework of space, time, and substance; but space, time, and substance are not objective realities that exist 'out there', independently of us. They are creations of our intuition or reason without which we could not comprehend the world. What, then, one might naturally ask, is the world really like, independently of the framework within which we grasp it? This question, Kant says, can never be answered. Independent reality – Kant called it the world of the 'thing-in-itself' – is for ever beyond our knowledge.

During Kant's lifetime it was not simply the *Critique of Pure Reason* that built his towering reputation. There were also two other critiques, the *Critique of Practical Reason*, on ethics, and the *Critique of Judgement*, a large part of which is on aesthetics. In the former, Kant pictured man as a being capable of following a rational moral law, but also liable to be swayed from it by the non-rational desires which have their origin in our

Immanuel Kant.

Geb. d. 22. Apr. 1724 zu Königsberg in Preußen, gest. d. 12. Febr. 1804 ebenda.

Der Königsberger Weltweise; Begründer einer neuen philosophischen Aera; voll tiefer Natur=Menschen= und Geschichtskenntniß. Er zieht in seiner „Kritik der reinen Vernunft" dieser ihre Grenze und beweist, daß metaphysisches Wissen, also jede Speculation über Wissensfreiheit Unsterblichkeit und Gott, unmöglich sei, gelangt aber zu diesen höchsten Ideen auf dem Gebiete der Sittlichkeit durch den praktischen Gebrauch der reinen Vernunft in Auffindung der ihr erfahrungsgemäs zugänglichen Sittengesetze, und der Folgerungen daraus. In seinen Hauptwerken trocken und schwerverständlich, ist er in seinen sonstigen Schriften, wie es auch sein freier begeisteter Vortrag war, lebendig, voll Witz und Laune.

3. Immanuel Kant (1724–1804).

physical nature. To act morally is thus always a struggle. Victory is to be won by the suppression of all desires except the feeling of reverence for the moral law, which leads us to do our duty for its own sake. In contrast to this view of morality as based only on the reasoning aspects of human nature, in the *Critique of Judgement* Kant pictured aesthetic appreciation as involving a harmonious union of our understanding and our imagination.

In the closing words of the *Critique of Pure Reason*, Kant expressed the hope that by following the path of critical philosophy that he had trodden, it might be possible 'before the present century runs out' to attain what many centuries before had been unable to achieve, namely 'to give human reason complete satisfaction about that which has always engaged its curiosity, but so far in vain'. So impressive was Kant's achievement that for a time it did indeed seem, not just to Kant but also to his readers, as if there were only a few more details to be filled in, and then all philosophy would be complete. Gradually, however, dissatisfaction with Kant began to be expressed.

The first source of dissatisfaction was Kant's view of the 'thing-in-itself'. That something should exist and yet be completely unknowable seemed an unsatisfactory limitation on the powers of human reason. And was not Kant contradicting himself when he said that we could know nothing of it, and yet claimed to know that it exists and is a 'thing'? It was Johann Fichte who took the bold step of denying the existence of the thing-in-itself, thus being more true to Kant's philosophy, he asserted, than Kant was himself. The whole world, in Fichte's view, was to be seen as something constituted by our active minds. What mind cannot know does not exist.

The second source of dissatisfaction was the division of human nature implied by Kant's moral philosophy. Here it was Schiller who began the attack, in his *Lectures on the Aesthetic Education of Man*. He too saw himself as using Kant to improve upon Kant, for he borrowed from the

Critique of Judgement the model of aesthetic judgement as a unity of understanding and imagination. Surely, said Schiller, all our life should be similarly harmonious. To portray human nature as for ever divided between reason and passion, and our moral life as an eternal struggle between the two, is degrading and defeatist. Perhaps, Schiller suggested, Kant was accurately describing the sorry state of human life today, but it was not always so and it need not always be so. In ancient Greece, so much admired for the purity of its artistic forms, there had been a harmonious unity between reason and passion. To serve as a basis of a restoration of that long-lost harmony in human nature, Schiller therefore urged the revival of the sense of the aesthetic in every aspect of life.

Hegel was later to write that Kant's philosophy 'constitutes the basis and point of departure for modern German philosophy'. We could add that Fichte and Schiller, in their different ways, showed the directions these departures were to take. The unknowable thing-in-itself and the conception of human nature divided against itself were both, for Kant's successors, problems in need of solutions.

In an early essay, Hegel expressed his admiration for Schiller's objections to Kant's view of human nature, and especially for the point that this disharmony was not an eternal truth about human nature, but a problem to be overcome. He could not accept, however, the idea that aesthetic education was the way to overcome it. Instead, he regarded the task as one for philosophy.

Hegel's life

After doing unusually well at school, Hegel won a scholarship to a well-known seminary at Tübingen, where he studied philosophy and theology. Here he became friendly with the poet Hölderlin and with a younger, very talented student of philosophy named Friedrich Schelling. Schelling was to achieve a national reputation as a philosopher before

4. Friedrich Schiller (1759–1805).

anyone had heard of Hegel; later, when his reputation had been eclipsed by that of Hegel, he was to complain that his former friend had taken over his own ideas. Though Schelling is little read nowadays, the parallels between his views and Hegel's are sufficiently close to lend the complaint some plausibility, provided we overlook how much more Hegel made of the points on which the two concurred.

After completing his studies at Tübingen, Hegel accepted a post as family tutor with a wealthy family in Switzerland. This was followed by a similar position in Frankfurt. During this period, Hegel continued to read and think about philosophical questions. He wrote essays on religion, not for publication but to clarify his thoughts. The essays show him to have been thinking along radical lines. Jesus is compared with Socrates, and emerges from the comparison as decidedly the inferior teacher of ethics. Orthodox religion is, in Hegel's eyes, a barrier to the goal of restoring man to a state of harmony, for it makes man subordinate his own powers of thought to an external authority. For the rest of his life, Hegel retained something of this attitude to orthodox religion; yet his radicalism ebbed to the extent that, later on, he could consider himself a Lutheran Christian and regularly attend Lutheran church services.

When his father died in 1799, Hegel found himself with a modest inheritance. He gave up tutoring and joined his friend Schelling at the University of Jena, in the small state of Weimar. Schiller and Fichte had been at Jena, and Schelling was now also well known; Hegel, on the other hand, had published virtually nothing and had to be content to lecture privately, supplementing his capital only by the small fees he collected from the few students (eleven in 1801, thirty by 1804) who came to hear him.

At Jena, Hegel published a long pamphlet on the differences between the philosophies of Fichte and Schelling: in every case, in his opinion, Schelling's view was to be preferred. For a time he worked with

Schelling on a *Critical Journal of Philosophy*, for which he wrote several essays. In 1803 Schelling left Jena, and Hegel began to prepare his first major work, *The Phenomenology of Mind*. His inheritance now exhausted, he was badly in need of money. He accepted a publisher's contract which provided him with a cash advance but contained draconian penalty clauses if he should fail to post the manuscript by the due date of 13 October 1806. This turned out to be the day Jena was occupied by the French following their victory over the Prussians. Hegel had to rush the final sections of the book in order to meet his deadline, and then to his consternation found that he had no alternative but to send off the manuscript – his only copy – amidst all the confusion caused by the arrival of the warring armies outside Jena. Luckily the manuscript travelled undisturbed and the work appeared early in 1807.

The initial reaction was respectful, if hardly enthusiastic. Schelling was understandably perturbed to find that the preface contained a polemical attack on what seemed to be his views. In a letter, Hegel explained that he intended to criticize not Schelling but only his unworthy imitators. Schelling replied that this distinction was not made in the preface itself, and refused to be mollified. Their friendship was at an end.

Life at Jena had been disrupted by the French occupation. Now that the university had closed down, Hegel worked for a year as a newspaper editor, and then accepted the headmastership of the academic high school at Nuremberg. He remained in this post for nine years, and made a success of it. In addition to the more usual subjects, he taught his schoolboys philosophy. What they made of his lectures is not known.

In Nuremberg, Hegel's domestic life became settled. At Jena he had fathered an illegitimate son, the mother being his landlady, who is recorded as having had two previous illegitimate children by other lovers. In 1811, aged forty-one, Hegel married the daughter of an old

Nuremberg family. She was scarcely half his age, but the marriage was, as far as one can tell, a happy one. They had two sons, and after the death of the mother of Hegel's first child, his wife was sufficiently tolerant to take his illegitimate son into her household as well.

During these years, Hegel published his lengthy *Science of Logic*, which appeared in three volumes in 1812, 1813, and 1816. His works were now gaining wider appreciation, and in 1816 he was invited to take the post of Professor of Philosophy at the University of Heidelberg. There he wrote the *Encyclopedia of the Philosophical Sciences*, which is a relatively brief statement of his entire philosophical system. Much of the material in it is also contained, in amplified form, in his other works.

Hegel's reputation was now so great that the Prussian Minister of Education asked him to take up the prestigious chair of philosophy at the University of Berlin. The Prussian educational system had benefited from the reforms of von Stein and von Hardenberg, and Berlin was becoming the intellectual centre of all the German states. Hegel accepted the offer with alacrity, and taught at Berlin from 1818 until he died in 1831.

In every respect this final period was the climax of Hegel's life. He wrote and published his *Philosophy of Right* and lectured on the philosophy of history, the philosophy of religion, aesthetics, and the history of philosophy. He was not a good lecturer in the conventional sense, but he clearly captivated his students. Here is a description by one of them:

> I was unable at first to find my way into either the manner of his delivery or the train of his thought. Exhausted, morose, he sat there as if collapsed into himself, his head bent down, and while speaking kept turning pages and searching in his folio notebooks, forward and backward, high and low. His constant clearing of his throat and coughing interrupted any flow of speech. Every sentence stood alone and came out with effort, cut in pieces and jumbled . . . Eloquence that flows along

> smoothly presupposes that the speaker is finished with the subject inside and out and has it by heart . . . this man, however, had to raise up the most powerful thoughts from the deepest ground of things . . . a more vivid representation of these difficulties and this immense trouble than was accomplished by the manner of his delivery would be inconceivable.

Hegel was now attracting large audiences. People came to hear him from all over the German-speaking world, and many of the brightest became his disciples. After his death, they were to edit and publish his lecture notebooks, supplemented by additions from their own notes of what he had said. It is in this way that several of Hegel's works – the *Lectures on the Philosophy of History*, the *Lectures on Aesthetics*, the *Lectures on the Philosophy of Religion*, and the *Lectures on the History of Philosophy* – have come down to us.

In 1830, in recognition of his status, Hegel was elected Rector of the University. The following year, at the age of sixty-one, he suddenly fell ill and the next day died in his sleep. 'What an awful void!' wrote one of his colleagues: 'He was the cornerstone of our university.'

Chapter 2
History with a purpose

Hegel took history seriously. In contrast to Kant, who thought he could say on purely philosophical grounds what human nature is and always must be, Hegel accepted Schiller's suggestion that the very foundations of the human condition could change from one historical era to another. This notion of change, of development throughout history, is fundamental to Hegel's view of the world. Friedrich Engels, looking back on Hegel's importance to himself and to his colleague Karl Marx, wrote:

> What distinguished Hegel's mode of thinking from that of all other philosophers was the exceptional historical sense underlying it. However abstract and idealist the form employed, the development of his Ideas runs always parallel to the development of world history, and the latter is indeed supposed to be only the proof of the former.

We need not yet concern ourselves about the meaning of Engels' last clause – the reference to the development of world history as the 'proof' of Hegel's system of ideas – for the undoubted parallel between the development of Hegel's ideas and the development of world history to which Engels draws attention is sufficient justification for using Hegel's understanding of world history as our way into his system of ideas.

The other point to be drawn from what Engels says is simply that in assessing the importance of Hegel's influence on Marx and himself, he gives first place to Hegel's historical sense. So in beginning our introduction with Hegel's *Philosophy of History*, we are beginning with a topic that is central not only to Hegel's system, but also to the enduring influence of his ideas.

What is philosophy of history?

It is first necessary to understand what a 'philosophy of history' is, in Hegel's sense of the term. Hegel's *Philosophy of History* contains a good deal of historical information. One can find in it a kind of outline of world history, from the early civilizations of China, India, and Persia, through ancient Greece to Roman times, and then tracing the path of European history from feudalism to the Reformation and on to the Enlightenment and the French Revolution. Yet Hegel obviously did not think of his *Philosophy of History* as merely a historical outline. His work is a work of philosophy because it takes the bare facts of history as its raw material, and attempts to go beyond those facts. Hegel himself said that 'the philosophy of history means nothing but the thoughtful consideration of it'. While this may be his own definition, however, it conveys a less than adequate idea of what Hegel is up to in his *Philosophy of History*. What Hegel's definition leaves out is his intention that the 'thoughtful consideration' of history should seek to present its raw material as part of a rational process of development, thus revealing the meaning and significance of world history.

Here, already, we have one of Hegel's central beliefs – the belief that history has some meaning and significance. Had Hegel viewed history along the lines of Macbeth's bleak vision of life, that is, as 'a tale told by an idiot, full of sound and fury, signifying nothing', he would never have attempted to write the *Philosophy of History* and his life's work would have been unrecognizably different. The modern scientific view is, of course, much like Macbeth's. It tells us that our planet is just one tiny speck in a universe of unimaginable size; and that on this planet life began from a chance combination of gases and then evolved by the blind forces of natural selection. Consistent with this view of the origin of our species, most modern thought refuses to assume that history has any ultimate purpose beyond the myriad individual purposes of the countless human beings who make history. In Hegel's day there was nothing unusual about his confident belief that human history is not a meaningless jumble of events – indeed, it is not really out of the ordinary even now, for religious thought has traditionally seen meaning and significance in the course taken by human history, even if it has significance only as a prelude to a better world still to come.

There are many different ways in which the claim that history is meaningful may be understood. It may be taken as a claim that history is the working out of the purposes of some Creator who set the whole process in motion; or, more mysteriously, it may be intended to suggest that the universe itself can somehow have purposes. The assertion that history has a meaning can also be shorn of all religious or mystical connotations and understood simply as the more limited claim that reflection on our past enables us to discern the direction history is taking, and the destination it will ultimately reach; this destination, for some fortunate reason, being a desirable one and hence one we can accept as the goal of our own strivings.

It is possible to interpret Hegel's *Philosophy of History* in different ways, corresponding to these different ways of understanding the claim that there is a meaning to history. In accordance with our general strategy of coming to grips with Hegel, we shall begin with those elements of the work that endow history with a meaning in the third, and least mysterious, of the various ways of understanding the claim.

In his own introduction to the *Philosophy of History*, Hegel clearly states his view of the direction and destination of all human history: 'The history of the world is none other than the progress of the consciousness of freedom.' This sentence sets the theme for the entire work. (One might even say that it sums up the theme of all of Hegel's thought – but more of that later.) Now we must see how Hegel elaborates upon his theme.

He begins with an account of what he calls 'The Oriental World' – by which he means China, India, and the ancient empire of Persia. China and India Hegel regards as 'stationary' civilizations, societies that have reached a certain point of their development and then somehow stuck fast. He describes them as 'outside the World's History', in other words not part of the overall process of development that is the basis of his philosophy of history. True history begins with the Persian Empire, 'the first Empire', says Hegel, 'that passed away'.

Hegel's discussion of the oriental world contains many points of detail, all related to the idea that in oriental society only one person – the ruler – is a free individual. All others are totally lacking in freedom, because they must subordinate their will to that of the patriarch, lama, emperor, pharaoh, or whatever else the despot may be called. This lack of freedom goes very deep. It is not simply that the subjects of the despot know that the despot can punish them cruelly for disobeying his will. This would imply that they have wills of their own, that they can and do think about whether it is prudent or right to obey the despot. The truth is, says Hegel, that the oriental subject has no will of his own in the modern sense. In the Orient not only law, but even morality itself, is a matter of external regulation. Our concept of individual conscience is lacking. Hence there is no sense of the possibility of individuals forming their own moral judgements about right and wrong. For the inhabitants of the Orient – other than the ruler – opinions on these matters come from outside; they are facts about the world, and no more to be questioned than the existence of the mountains and the seas.

This lack of personal independence takes different forms in different oriental cultures, according to Hegel, but the result is always the same. The Chinese state, Hegel tells us, is organized on the principle of the

5. Siddhartha Gautama, known as the Buddha (*c*.563–483 BCE).

family. Government is based on the paternal management of the emperor, and all others see themselves as children of the state. It is for this reason that Chinese society places such strong emphasis on the honour and obedience one owes to one's parents. India, in contrast, has no concept of individual freedom because the basic institution of society – the caste system which allocates to each his or her occupation in life – is not seen as a political institution, but as something natural and hence unchangeable. The governing power in India is therefore not a human despot, but the despotism of nature.

Persia is different. Although at first glance the Persian emperor seems to be an absolute ruler in much the same sense as the emperor of China, the basis of the Persian Empire is not merely natural family obedience extended to the entire state, but a general principle, a law which regulates the ruler as well as the subject. For Persia was a theocratic monarchy, based on the religion of Zoroaster, which involved the worship of Light. Hegel makes much of the idea of light as something pure and universal, something which, like the sun, shines on all and confers equal benefits on all. Of course this does not mean that Persia was egalitarian. The emperor was still an absolute ruler and hence the only free man in the empire; yet the fact that his rule was based on a general principle and was not seen as a natural fact meant that development was possible. The idea of rule based on an intellectual or spiritual principle signifies the beginning of the growth of the consciousness of freedom that Hegel intends to trace. Hence it is the beginning of 'true history'.

The Greek world

In the Persian Empire the potential for growth in the consciousness of freedom existed; but this potential could not be realized within the structure of the empire. In its efforts to expand, however, the Persian Empire came into contact with Athens, Sparta, and the other city-states of ancient Greece. The Persian emperor asked the Greeks to acknowledge his supremacy. They refused. The emperor assembled an enormous army and a vast fleet of ships. The Persian fleet and the Greek fleet met at Salamis. This epic battle, Hegel says, was a contest between an oriental despot who sought a world united under one lord and sovereign, and separate states that recognized the principle of 'free individuality'. The Greek victory meant that the tide of world history passed from the despotic oriental world to the world of the Greek city-states.

While Hegel sees the Greek world as animated by the idea of free individuality, it is his view that the freedom of the individual is by no means fully developed at this stage of history. He has two different reasons for regarding the Greek idea of freedom as a limited one. One of these reasons is straightforward and the other is more complex.

The straightforward reason is that the Greek idea of freedom allows slavery. Indeed, 'allows' is too weak a term, for in Hegel's view the Greek form of democracy positively required slavery if it was to function at all. If, as was the case in Athens, every citizen has the right and duty to take part in the public assembly that is the supreme decision-making body of the city-state, then who is there to do the daily work of providing the necessities of life? There must be a category of workers who lack the rights and duties of citizens – in other words, there must be slaves.

In the oriental world only *one* – the ruler – is free. The existence of slavery means that the Greek world has progressed to a stage at which *some* – not all – are free. But even those who are free citizens of a Greek city-state are only free, Hegel believes, in an incomplete way. His reason for saying this is not so easy to grasp. He claims that the Greeks had no concept of individual conscience. This concept, as we have seen, Hegel thought to be lacking in the oriental world too; but whereas in the Orient people simply obeyed, without reflection, a moral code that was handed down to them from on high, with the Greeks the motivation came from inside themselves. They had, according to Hegel, the habit of living for their country, without further reflection. This habit did not derive from the acceptance of some abstract principle, such as the idea that everyone should act for the sake of his or her country. Rather the Greeks habitually thought of themselves as so indissolubly linked with their own particular city-state that they did not distinguish between their own interests and the interests of the community in which they lived. They could not conceive of themselves as living apart from, or in opposition to, this community, with all its customs and forms of social life.

All this means that the readiness of the Greeks to do what is best for the community as a whole comes from within. This would suggest that the Greeks were free in a way in which the Orientals were not. They did as they themselves wished to do, not as some external decree required them to do. Yet Hegel says that this is an incomplete form of freedom just because the motivation comes so naturally. Whatever is the result of the habits and customs in which one was brought up is not the result of the use of one's reason. If I do something from habit, I have not deliberately chosen to do it. My actions, it might be said, are still governed by forces external to my will – the social forces that gave me my habits – even though there is no despot telling me what to do, and the motivation for the action appears to come from within.

As a symptom of this dependence on external forces, Hegel refers to the Greek tendency to consult an oracle for guidance before any important venture is undertaken. The advice of the oracle might be based on the state of the intestines of a sacrificed animal, or on some other natural event quite independent of one's own thought. Genuinely free people would not allow their most important decisions to be determined by such events; they would make their own decisions, using their capacity to reason. Reason lifts free people above the chance events of the natural world, and enables them to reflect critically upon their situation and the forces that influence them. Hence freedom cannot be fully achieved without critical thought and reflection.

Critical thought and reflection, then, is the key to further progress in the development of freedom. The command attributed to the Greek god Apollo urged the Greeks along this path: 'Man, know thyself.' This summons to free enquiry, untrammelled by customary beliefs, was taken up by the Greek philosophers, and especially by Socrates. Socrates typically expresses his own views in the form of a dialogue with some worthy Athenian who thinks that he knows well what is good or just. This 'knowledge' turns out to be merely the ability to echo some common saying about goodness or justice, and Socrates has no difficulty in showing that this customary conception of morality cannot be the full story. For example, against the common idea that justice consists in giving to each what is owed to him, Socrates poses the case of a friend who has lent you a weapon, but has since become deranged. You may owe him the weapon, but is it really just to return it? Thus Socrates leads his audience to critical reflection upon the customary morality they have always accepted. This critical reflection makes reason, not social custom, the final judge of right and wrong.

Hegel sees the principle exemplified by Socrates as a revolutionary force against the Athenian state. Thus he judges the death sentence passed upon Socrates as unimpeachably correct: the Athenian people were condemning the deadliest foe of the customary morality on which their communal existence was based. Yet the principle of independent thought was too firmly rooted in Athens to be extirpated by the death of one individual; and so in time the accusers of Socrates were condemned and Socrates himself posthumously exonerated. This principle of independent thought was, none the less, the ultimate cause of the downfall of Athens and marks the beginning of the end of the world-historical role played by the Greek civilization.

The Roman world

In contrast to the unreflective customary unity which formed the basis of the Greek city-states, Hegel pictures the Roman Empire as built up from a collection of diverse peoples, lacking all natural patriarchal or other customary bonds, and hence requiring the most severe discipline, backed by force, to hold it together. This makes the dominance of Rome in the next stage of world history appear something of a reversion to the despotic oriental model, as typified in the Persian Empire. But while the course of world history, as Hegel presents it, is certainly not a smooth and steady progression, it does not go backwards either. The gains made in a previous epoch are never lost entirely. So Hegel carefully distinguishes between the underlying principles of the Persian and the Roman empires. The idea of individuality, of the private capacity for judgement, that was born in the Greek era has not disappeared. Indeed, the Roman state rests upon a political constitution and a legal system which has individual right as one of its most fundamental notions. Thus the Roman state recognizes individual freedom in a way that the Persian Empire never could; the catch is, of course, that this recognition of individual freedom is a purely legal or formal matter – Hegel calls it 'abstract freedom of the individual'. The real freedom that allows individuals to develop a diversity of ideas and ways of living – 'concrete individuality' in Hegel's terminology – is ruthlessly crushed by the brute power of Rome.

The real difference between the Persian and the Roman empires, then, is that whereas in the former the principle of oriental despotism held unbridled sway, in the latter there is a constant tension between the absolute power of the state and the ideal of individuality. This tension was lacking in the Persian Empire because the ideal of individuality was yet to be developed; it was lacking in the Greek world because, while the idea of individuality had come to the fore, political power was not so ruthlessly centralized in opposition to it.

The Roman world, as Hegel paints it, is not a happy place. The joyous, spontaneous free spirit of the Greek world has been broken. In the face of the demands of the state for outward conformity, freedom can only be found by retreating into oneself, by taking refuge in a philosophy such as Stoicism, Epicureanism, or Scepticism. The details of these opposing philosophical schools need not concern us here; what is important is their common tendency to pooh-pooh everything that the real world has to offer – riches, political power, worldly glory – and to substitute an ideal of living which makes the adherent absolutely indifferent to anything the outside world can do.

The spread of these philosophical schools was, according to Hegel, a result of the helplessness that the individual, who sees himself as a free being, must feel in the face of a domineering power he is unable to influence. The retreat into philosophy is, however, a negative response to this situation; it is a counsel of despair in the face of a hostile world. There was a need for a more positive solution. This solution was provided by Christianity.

To understand why Hegel sees Christianity in this way, we must appreciate that for Hegel human beings are not just very clever animals. Humans live in the natural world, as animals do, but they are also spiritual beings. Until they recognize themselves as spiritual beings, humans are trapped in the natural world, the world of material forces. When the natural world is implacably resistant to their aspiration for freedom, as the Roman world was, there is no escape *within* the natural world, apart from the already mentioned retreat into a philosophy based on a purely negative attitude towards the natural world. Once humans recognize themselves as spiritual beings, however, the hostility of the natural world ceases to be all-important; it can be transcended in a positive manner because there is something positive beyond the natural world.

The Christian religion is special, according to Hegel, because Jesus Christ was both a human being and the Son of God. This teaches humans that, though limited in some respects, they are at the same time made in the image of God and have within themselves an infinite value and an eternal destiny. The result is the development of what Hegel calls 'religious self-consciousness': a recognition that it is the spiritual world, not the natural world, that is our true home. To achieve this awareness humans have to break the hold that natural desires, and indeed the whole of natural existence, has over them.

It is the role of the Christian religion to achieve this awareness that the spiritual nature of human beings is what is essential to them. This does not, however, happen all at once; for it is not mere inner piety that is required. The change that takes place in the pious heart of the Christian believer must transform the real external world into something that satisfies the requirements of humans as spiritual beings. As we shall see, it takes the whole of the Christian era up to Hegel's own time for humanity to become capable of achieving this.

What does happen rather sooner is that the limitations on freedom characteristic of the Greek era are abolished. First, Christianity opposes slavery, for each unit of mankind has the same essential infinite value. Secondly, the dependence on oracles ceases, for oracles represent the dominance of the chance happenings of the natural world over the free choice of spiritual beings. Thirdly, and for much the same reason, the customary morality of Greek society is replaced by a morality based on the spiritual idea of love.

Christianity comes to the fore under the Roman Empire and becomes the official religion of the Empire under Constantine. Though the western half of the Empire falls to the barbarian invasions, the Byzantine Empire remains Christian for more than a thousand years. Yet this is, in Hegel's view, a stagnant, decadent Christianity, for it was an attempt to put a Christian veneer over structures that were already rotten to the core. It took a new people to carry the Christian principle to its ultimate destiny.

The Germanic world

It may seem strange that Hegel should refer to the entire period of history from the fall of the Roman Empire up to modern times as 'The Germanic World'. He uses the term '*Germanische*' – 'Germanic' rather than simply 'German' – and he includes not only Germany proper, but also Scandinavia, the Netherlands, and even Britain. Nor, as we shall see, are developments in Italy and France ignored, though here he lacks the excuse of linguistic and racial affinities for stretching the term 'Germanic' to include these countries. One might suspect a certain amount of ethnocentrism in Hegel's designation of this era as 'The Germanic World'; but his chief reason for doing so is that he takes the Reformation as the single key event of history since Roman times.

Hegel paints a gloomy picture of Europe during the thousand years that passed after the fall of Rome. During that time the Church, in his view, became a perversion of the true religious spirit, inserting itself between man and the spiritual world, and insisting on blind obedience from its followers. The Middle Ages is, in Hegel's words, 'a long, eventful and terrible night'; a night which is ended by the Renaissance, 'that blush of dawn which after long storms first betokens the return of a bright and glorious day'. It is the Reformation, however, and not the Renaissance which Hegel describes as 'the all-enlightening Sun' of the bright day that is our modern time.

The Reformation resulted from the corruption of the Church, a corruption that was in Hegel's view not an accidental development but a necessary consequence of the fact that the Church does not treat the Deity as a purely spiritual thing, but instead embodies it in the material world. Ceremonial observances, rituals, and other outward forms are its basis; and compliance with them is what it takes as essential to the religious life. Thus the spiritual element in human beings is fettered to mere material objects. The ultimate expression of this deep-seated corruption is the practice of selling, for that most worldly of objects, money, something that concerns man's deepest and inmost nature – the spiritual peace brought by the remission of sins. Hegel is of course referring to the practice of selling 'indulgences' which started Luther's protest.

Hegel sees the Reformation as an achievement of the Germanic people, arising from 'the honest truth and simplicity of its heart'. 'Simplicity' and 'heart' are for Hegel the keynotes of the Reformation, which was begun by the simple German monk, Luther, and took root only in the Germanic nations. Its result was to do away with the pomp and circumstance of the Roman Catholic Church and to substitute the idea that each individual human being has, in his own heart, a direct spiritual relationship to Christ.

It would be quite contrary to Hegel's view of the Reformation, however, to present it as an event within some isolated sphere of life labelled 'religion'. For one thing, Hegel always stresses the interrelatedness of different aspects of our historical development. For another, as we have already seen, for humans to fulfil their spiritual nature it is not enough for them to perfect their religious life; they must also make the world in which they live something suitable for free spiritual beings. Thus Hegel sees the Reformation as much more than an attack on the old Church, and the replacement of Roman Catholicism by Protestantism. The Reformation proclaims that every human being can recognize the truth of his or her own spiritual nature, and can achieve his or her own salvation. No outside authority is needed to interpret the scriptures, or to perform rituals. The individual conscience is the ultimate judge of truth and goodness. In asserting this, the Reformation unfurls 'the banner of Free Spirit' and proclaims as its essential principle: 'Man is in his very nature destined to be free.'

Since the Reformation, the role of history has been nothing but the transforming of the world in accordance with this essential principle. This is no small task, for if every human being is freely able to use his

6. Martin Luther (1483–1546).

powers of reasoning to judge truth and goodness, the world can only receive universal assent when it conforms with rational standards. Therefore all social institutions – including law, property, social morality, government, constitutions, and so on – must be made to conform to general principles of reason. Only then will individuals freely choose to accept and support these institutions. Only then will law, morality, and government cease to be arbitrary rules and powers which free agents must be compelled to obey. Only then will human beings be free and yet fully reconciled with the world in which they live.

This notion of making all social institutions conform to general principles of reason has about it the ring of the Enlightenment. To subject everything to the clear cold light of reason, rejecting all that has its basis in superstition or hereditary privilege, was the doctrine of French thinkers of the eighteenth century like Voltaire and Diderot. The Enlightenment and its sequel, the French Revolution, are indeed the next – and almost the last – events in Hegel's account of world history; but Hegel's attitude towards it is not quite what his remarks about the essence of the Reformation might lead one to expect.

Hegel accepts the view that the French Revolution was the result of the criticisms of the existing order made by French philosophers. France before the Revolution had a nobility without real power, but with a confused mass of privileges which had no rational basis. Against this utterly irrational state of affairs the philosophers' conception of the Rights of Man asserted itself, and triumphed. Hegel leaves us in no doubt as to his view of the significance of this event.

> Never since the sun has stood in the firmament and the planets revolved around it had it been perceived that man's existence centres in his head, i.e. in thought, inspired by which he builds up the world of reality . . . not until now had man advanced to the recognition of the principle that thought ought to govern spiritual reality. This was accordingly a glorious mental dawn. All thinking beings shared in the jubilation of this epoch.

Yet the immediate result of this 'glorious mental dawn' was the Revolutionary Terror, a form of tyranny which exercised its power without legal formalities and inflicted as its punishment the quick death of the guillotine. What had gone wrong? The mistake was to attempt to put into practice purely abstract philosophical principles, without regard to the disposition of the people. This attempt was based upon a misunderstanding of the role of reason, which must not be applied in isolation from the existing community and the people that make it up.

The French Revolution itself was thus a failure. Its world-historical significance, however, lies in the principles it passed on to other nations, and particularly to Germany. The short-lived victories of Napoleon were sufficient to bring about within Germany a code of rights, to establish freedom of the person and freedom of property, to open the offices of the state to the most talented citizens and to abolish feudal obligations. The monarch remains as the apex of government and his personal decision is final; yet because of the firmly established laws and settled organization of the state, what is left to the personal decision of the monarch is, says Hegel, 'in point of substance, no great matter'.

Hegel's account of world history has now reached his own times, and so it comes to an end. He concludes by repeating (in slightly different words) the theme he introduced at the start of it all – 'the history of the world is nothing but the development of the idea of freedom' – and suggesting that the progress of the idea of freedom has now reached its consummation. What was required was both that individuals should govern themselves according to their own conscience and convictions, and also that the objective world, that is the real world with all its social and political institutions, should be rationally organized. It would not be sufficient to have individuals governing themselves according to their own conscience and convictions. This would be only 'subjective freedom'. As long as the objective world was not rationally organized, individuals acting in accordance with their own conscience would come into conflict with its law and morality. Existing law and morality would

7. The fall of the Bastille, in 1789, marked the beginning of the French Revolution.

therefore be something opposed to them, and a limit upon their freedom. Once the objective world is rationally organized, on the other hand, individuals following their consciences will freely choose to act in accordance with the law and morality of the objective world. Then freedom will exist on both the subjective and the objective level. There will be no restrictions on freedom, for there will be perfect harmony between the free choices of individuals and the needs of society as a whole. The idea of freedom will have become a reality and the history of the world will have achieved its goal.

This is a climactic ending indeed; but it leaves an obvious question dangling. What would a rational organization of morality, law, and other social institutions be like? What is a truly rational state? In the *Philosophy of History* Hegel has very little to say on this subject. His rosy description of the Germany of his own day, coupled with his statement that the progress of the idea of freedom has now reached its consummation, can only mean that he believes his own country, in his own times, to have achieved the status of a rationally organized society. He refrains from saying this explicitly, though, and his description of modern Germany is too brief to allow us to see clearly why the particular arrangements he describes should be more rational than all previous forms of government.

The reason for this brevity may simply be that the *Philosophy of History* was written as a course of lectures, and university lecturers, as we all know, frequently find themselves short of time near the end of the course; but it is equally possible that Hegel deliberately said little about this subject in the *Philosophy of History*, because it is the chief focus of his *Philosophy of Right*. It is to this work that we must turn for a more complete picture of what Hegel takes to be a rationally organized and hence genuinely free community.

Chapter 3
Freedom and community

A puzzle

We have seen that Hegel believes all the events of the past to have been leading up to the goal of freedom. At the conclusion of the *Philosophy of History* there was an indication that this goal might have been reached; but Hegel provided few indications why Prussia (or any of the other German states existing at that time) should be regarded as the glorious result for which three thousand years of world history had been striving. When Hegel gave his lectures on the philosophy of history, Prussia's period of liberal reform under von Stein and von Hardenberg was over. Prussia was dominated by the king and a few other powerful families. It lacked a parliament of any importance, denied the overwhelming majority of its citizens any say in the running of the state, and imposed a strict censorship. How could Hegel have regarded such a society as the pinnacle of human freedom? Is it any wonder that the German philosopher Arthur Schopenhauer should have said, with Hegel in mind: 'Governments make of philosophy a means of serving their State interests, and scholars make of it a trade'? Or that Karl Popper should believe that Hegel had one aim, 'to fight against the open society, and thus to serve his employer, Frederick William of Prussia'?

In this chapter I shall try to explain Hegel's concept of freedom. If I succeed, I will have shown that whatever his motivation, Hegel's thinking on this subject has to be taken seriously because it cuts deeply into assumptions we frequently make when we say that one society is free and another is not.

We have seen that in the introduction to the *Philosophy of History* Hegel says that world history is nothing but the progress of consciousness of freedom. He adds, a few lines further on, that this term 'freedom' is 'an indefinite, and incalculably ambiguous term . . . liable to an infinity of misunderstandings, confusions and errors'. Unfortunately he declines to give a further definition, saying that instead the essential nature of freedom 'is to be displayed' in the process of interpreting the history of the world. This is not entirely satisfactory. Our examination of the *Philosophy of History* may have given us a glimmering of what Hegel takes freedom to be; but if so, it is a glimmering that urgently requires the further illumination of Hegel's more explicit comments in the *Philosophy of Right*.

First, a word about the title. To an English-speaking reader, 'Philosophy of Right' suggests a work about right and wrong, in other words a study of ethics. Ethics does figure prominently in Hegel's *Philosophy of Right*, but its subject is closer to political philosophy. The German word in Hegel's title which is translated as 'Right' is *Recht*. This can mean 'right', but has wider associations, including that of 'law', in the sense in which we refer to 'the Law' as a whole rather than to one particular law. So the *Philosophy of Right* expresses Hegel's philosophical ideas about ethics, jurisprudence, society, and the state. Since freedom is always central to Hegel's concerns, the *Philosophy of Right* contains Hegel's most detailed discussion of freedom in the social and political sphere. Naturally, it contains discussions of other topics as well, but I shall pass over them in the interest of pursuing the crucial concept of freedom.

Abstract freedom

It will be best to begin with something familiar. Consider what might be called the classical liberal conception of freedom. Liberals generally see freedom as the absence of restrictions. I am free if others do not interfere with me and do not force me to do what I do not want to do. I am free when I can do as I please. I am free when I am left alone. This is the concept of freedom that Isaiah Berlin, in his celebrated essay 'Two Concepts of Liberty', called 'negative freedom'.

Hegel was familiar with this concept of freedom but, unlike Berlin and many other contemporary liberals and libertarians who regard it as the most desirable form of freedom, he refers to it as formal or abstract freedom, meaning that it has the form of freedom, but not the substance. He writes, 'If we hear it said that the definition of freedom is ability to do what we please, such an idea can only be taken to reveal an utter immaturity of thought, for it contains not even an inkling of the absolutely free will, of right, ethical life, and so forth.' Hegel's objection to this notion of freedom is that it takes the choices of the individual as the basis from which freedom must begin – how and why these choices are made is a question that those who hold this conception of freedom do not ask. Hegel does ask it, and his answer is that the individual choice, considered in isolation from everything else, is the outcome of arbitrary circumstances. Hence it is not genuinely free.

This seems high-handed. How dare Hegel tell us that our choices are arbitrary – while his, presumably, are genuinely free? Is this anything more than a blatant attempt to impose his values on us?

Maybe. But we may become a little more sympathetic to what Hegel is trying to say if we consider an analogous contemporary debate. Some economists believe that the proper test of how well an economic system works is the extent to which it enables people to satisfy their preferences. These economists take individual preferences as the basis

8. Isaiah Berlin (1909–1997).

from which assessment must begin. They do not ask how these preferences come about. To select among preferences and give some preferences more weight than others (apart from the differing weights given to their preferences by the individuals who hold them) would be, these economists say, a blatant attempt to impose one's own values on others by denying them the capacity to decide what they really want out of life.

I shall call these economists 'liberal economists'. The liberal economists have their critics, whom I shall call 'radical economists'. The radical economists ask some questions about how individual preferences are formed before they agree to take such preferences as the sole basis for judging how well an economic system works. They bring up examples of the following kind: suppose that at a certain time people in our society take the normal human body odours for granted. That humans sweat and that it is possible to smell a sweaty person are things they barely notice, and in so far as they do notice them, they do not consider them unpleasant. Then someone discovers a product which has the effect of inhibiting sweat and the odour it gives off. That is an interesting discovery, but, in the society described, interest in the product will be very limited. Our inventor, however, does not give up easily. He launches a clever advertising campaign designed to make people anxious about whether they sweat more than other people, and whether their friends might find their body odour offensive. His advertising is successful. People develop a preference for using the new product; and because the product is widely available at a price within their means, they can satisfy this preference. From the standpoint of the liberal economists, all this is fine. That the economy works in this way provides them with no basis for rating it less favourably than they otherwise would have. The radical economists think this is manifestly absurd. To avoid such absurdities, they say, economists must face the difficult task of enquiring into the basis of preferences, and must judge economic systems by their ability to satisfy not just any preferences, but those preferences that are based on genuine human needs or contribute to genuine human welfare. The radical economists concede that if we adopt their method, we cannot claim that our assessment is value-free; but they add that no method of assessing an economic system can be value-free. The method of assessment used by the liberal economists simply took the satisfaction of existing preferences as its sole value. A value-judgement is therefore implicit in the use of this method, though disguised under a cloak of objectivity. The liberal economists effectively give their blessing to whatever circumstances happen to influence what people prefer.

There is a clear parallel between this debate and Hegel's debate with those who define freedom as the ability to do what we please. This negative concept of freedom is like the liberal economist's conception of a good economic system: it refuses to ask what influences form the 'pleasings' that we act upon when we are free to do as we please. Those who hold this conception of freedom assert that to ask such a question, and to use the answers as a basis for sorting out genuinely free choices from those that are free only in form and not in substance, would be to write one's own values into the conception of freedom. Hegel's retort, like that of the radical economists, would be that the negative conception of freedom is already based on a value, the value of action based on choice, no matter how that choice is reached or how arbitrary it may be. The negative conception of freedom, in other words, gives its blessing to whatever circumstances happen to be influencing the way people choose.

If you agree that it is absurd to see no objection to an economic system that artificially creates new preferences so that some may profit by satisfying them, you must agree that the radical economists have a point. Admittedly it will be difficult to sort out the preferences which contribute to genuine human welfare from those that do not. It may prove impossible to reach agreement on this. Nevertheless, the difficulty of the task is no reason for taking all preferences at face value.

If you agree that the radical economists have a point, it is only a small step to agreeing that Hegel has a point. Indeed, it is really no step at all; for Hegel anticipated the central point of the radical economists' position, a point that has been popularized in modern times by J. K. Galbraith, Vance Packard, and a host of other critics of the industrial economy. Here is Hegel, writing at the very infancy of the consumer society, but perceptive enough to pick up the way it was going:

> What the English call 'comfort' is something inexhaustible and illimitable. Others can reveal to you that what you take to be comfort at any stage is discomfort, and these discoveries never come to an end. Hence the need for greater comfort does not exactly arise within you directly; it is suggested to you by those who hope to make a profit from its creation.

This remark occurs in a section of the *Philosophy of Right* that examines what Hegel calls 'The System of Needs'; it follows hard upon a reference to the great figures in classical liberal economic theory, Adam Smith, J. B. Say, and David Ricardo. Hegel's criticism of this system of needs shows that the ground of his opposition to the liberal economic view of society was essentially that taken by radical economists today. Behind it lies Hegel's steady historical perspective. He never loses sight of the fact that our wants and desires are shaped by the society in which we live, and that this society in turn is a stage in a historical process. Hence abstract freedom, the freedom to do as we please, is effectively the freedom to be pushed to and fro by the social and historical forces of our times.

As a criticism of the negative concept of freedom, Hegel's view should by now seem reasonable enough. What, however, does he intend to put in its place? We all must live in a particular society at a particular period of history. We will all be shaped by the society and times in which we live. How then can freedom be anything more than the freedom to act as we are led to act by social and historical forces?

Freedom and duty

Some of our desires are the product of our nature – like the desire for food, we were born with them, or like sexual desires, we were born with the potential to develop them. Many of our other desires were formed by our upbringing, our education, the society in which we live, our environment generally. Biological or social as the origins of these desires might be, it is true in either case that we did not choose them. Since we did not choose our desires, we are not free when we act from desire.

This argument is reminiscent of Kant rather than Hegel, but Hegel goes along with it up to a point. Let us follow it a little further. If we are not free when we act from desire, it seems that the only possible path to freedom is to purge oneself of all desires. But what would then be left? Kant's answer is: reason. Motivation to action can come from desires, or from reason. Do away with the desires, and we are left with pure practical reason.

Action based on reason alone – the idea is not easy to grasp. We can talk readily enough of a person's actions being rational or irrational, but we normally do so in relation to the ultimate ends or goals that person has, and these ends will be based on desires. For example, knowing that Helen, a talented young actress, wants to break into the movies, I can say that it is irrational of her to eat so many sweets that she is becoming plump, but if I am asked whether I consider it rational of Helen to want to be a movie star, what can I say? Only that this kind of desire is too basic to be either rational or irrational: it is just a brute fact about the woman. Can there be judgements of rationality or irrationality which are not based on basic desires of this kind?

Kant says there can be. When we take away all particular desires, even the most basic ones, we are left with the bare, formal element of rationality, and this bare formal element is the universal form of the moral law itself. This is Kant's famous 'categorical imperative', which he puts thus: 'Act only so that the maxim of your action can be willed as a universal law.'

The most puzzling step in this is the move from bare formal rationality to the idea of something universal. Kant holds – and Hegel obviously agrees – that reason is implicitly universal. If we know that all men are mortal and that Socrates was a man, then a law of reasoning tells us that Socrates was mortal. The law of reasoning that tells us this is a universal law – it holds not just for Greeks or for philosophers or even for Earthlings, but for all rational beings. In practical reasoning – that is, reasoning about what to do – this universal element is often concealed by the fact that we start from particular desires which are anything but universal. Consider this piece of practical reasoning: 'I want to be rich; I can defraud my employer of a million dollars without being detected; therefore I should defraud my employer.' Here the reasoning starts from my desire to be rich. There is nothing universal about this desire. (Don't be misled by the fact that many people desire to be rich; the desire from which I begin this reasoning is the desire that I, Peter Singer, should be rich. Very, very few people share this desire.) Because there is nothing universal about the starting point of this piece of reasoning, there is nothing universal about its conclusion, which certainly does not hold for all rational beings. If we were to reason about what to do without starting from any particular desire, however, there would be nothing to prevent our reasoning from holding for all rational beings. Pure practical reasoning, independently of particular desires, could only embody the universal element in reasoning. It would therefore, Kant contends, take the form prescribed by the categorical imperative.

If Kant is right, the only kind of action that is not the result of our innate or socially conditioned desires is action in accordance with the categorical imperative. Only action in accordance with the categorical imperative, therefore, can be free. Since only free action can have genuine moral worth, the categorical imperative must be not only the supreme imperative of reason, but also the supreme law of morality.

One final point is needed to complete the picture. If my action is free, my motivation for acting in accordance with the categorical imperative cannot be any particular desire I might happen to have. It cannot, therefore, be my desire to go to heaven, or to win the esteem of my friends; nor can it be my benevolent desire to do good to others. My motivation must simply be to act in accord with the universal law of reason and morality, for its own sake. I must do my duty because it is my duty – the Kantian ethic is sometimes summed up in the slogan: 'Duty for duty's sake.' It does indeed follow from what Kant said that we are free when we do our duty for its own sake, and not otherwise.

So we have arrived at the conclusion that freedom consists in doing one's duty. To the modern reader this conclusion is paradoxical. The term 'duty' has come to be associated with obedience to the conventional rules of institutions like the army and the family. When we speak of doing our duty we often mean that we are doing what we would much rather not be doing, but feel ourselves constrained to do by customary rules we are reluctant to defy. 'Duty' in this sense is the very opposite of freedom.

If this is the basis of the paradoxical air of the conclusion that freedom consists in doing our duty, we should put it aside. Kant's conclusion was that freedom consists in doinq what we really see as our duty in the broadest sense of the term. To put his point in a way that modern readers might be readier to accept: freedom consists in following one's conscience. This accurately captures Kant's meaning, as long as we remember that 'conscience' here does not mean whatever socially conditioned 'inner voice' I may happen to have; it means a conscience based on a rational acceptance of the categorical imperative as the supreme moral law. Put this way, the conclusion we have reached so far may still stretch credulity, but it should no longer appear paradoxical. Freedom of conscience is, after all, widely recognized as an essential part of what we take freedom to be, even if it is not the whole of it.

It is time to return to Hegel. Much of what I have been describing as a Kantian position is also Hegelian. That we are not free when we act from particular innate or socially conditioned desires; that reason is essentially universal; that freedom is to be found in what is universal – all of this Hegel takes from Kant and makes his own. Moreover in the *Philosophy of History*, as we have seen, Hegel takes the Reformation as the dawning of the new age of freedom, because it proclaims the rights of the individual conscience. Thus Hegel, like Kant, sees a connection between freedom and the development of the individual conscience. Nor does Hegel dissent from the idea that freedom consists in doing one's duty. Duty, he says, appears as a restriction on our natural or arbitrary desires, but the truth is that 'in duty the individual finds his liberation . . . from mere natural impulse . . . In duty the individual acquires his substantive freedom.' Commenting directly on Kant, Hegel said: 'In doing my duty I am by myself and free. To have emphasised this meaning of duty has constituted the merit of Kant's philosophy and its loftiness of outlook.'

For Hegel, then, doing our duty for its own sake is a notable advance on the negative idea of freedom as doing what we please. Yet Hegel is not satisfied with Kant's position. He sees its positive elements, but he is at the same time one of its most trenchant critics. Part II of the *Philosophy of Right*, entitled 'Morality', is in large part an attack on Kant's ethical theory.

Hegel has two main objections. The first is that Kant's theory never gets down to specifics about what we ought to do. This is not because Kant himself lacked interest in such practical questions, but because his entire theory insists that morality must be based on pure practical reasoning, free from any particular motives. As a result, the theory can yield only the bare, universal form of the moral law; it cannot tell us what our specific duties are. This universal form is, Hegel says, simply a principle of consistency or non-contradiction. If we have no point to start from, it cannot get us anywhere. For example, if we accept the

9. Hegel lecturing.

validity of property, theft is inconsistent; but we can deny that property gives rise to any rights and be perfectly consistent thieves. If the directive 'Act so as not to contradict yourself!' is the only thing we have to move us to act, we may find ourselves doing nothing at all.

This objection to Kant's categorical imperative will be familiar not only to students of Kant, but also to those who have an interest in contemporary moral philosophy. The importance of the requirement that moral principles be universal in form is still widely insisted upon – for example, by R. M. Hare, author of *Freedom and Reason* and *Moral Thinking* – and the objection that this requirement is an empty formalism that tells us nothing is still frequently made. In defence of Kant, it has been suggested that we should interpret him as allowing us to start from our desires, but requiring that we act upon them only if we are able to put them into a universal form, that is, to accept them as a suitable basis of action for anyone in a similar situation. Hegel anticipates this interpretation, claiming that any desire can be put into a universal form, and hence, once the introduction of particular desires is allowed, the requirement of universal form is powerless to prevent us justifying whatever immoral conduct takes our fancy.

Hegel's second major objection to Kant is that the Kantian position divides man against himself, locks reason into an eternal conflict with desire, and denies the natural side of man any right to satisfaction. Our natural desires are merely something to be suppressed, and Kant gives to reason the arduous, if not impossible, task of suppressing them. In this objection, as we have seen, Hegel was following the lead given by Schiller in his *Lectures on the Aesthetic Education of Man*; but Hegel made his own use of Schiller's criticism.

We can put the point in terms of another familiar problem of modern ethics. For Hegel the second major objection to Kant's ethics is that it offers no solution to the opposition between morality and self-interest. Kant leaves unanswered, and for ever unanswerable, the question: 'Why should I be moral?' We are told that we should do our duty for its own sake, and that to ask for any other reason is to depart from the pure and free motivation morality demands; but this is no answer at all, just a refusal to allow the question to be raised.

In his *Aesthetic Education of Man*, Schiller had pointed back to a time when the question had simply not arisen, when morality had not been split off into something separate from customary ideals of the good life, when there was no Kantian conception of duty. Hegel saw that once the question had been asked, a return to customary morality was impossible. In any case, Hegel regarded the Kantian conception of duty as an advance that is not to be regretted, for it helps to make modern man free in a way the Greeks, embedded in their narrow customary horizons, never could be. What Hegel sought to do was to answer the question in a way that united the natural satisfaction of the Greek form of life with the free conscience of the Kantian idea of morality. His answer would at the same time provide a remedy for the other chief defect of the Kantian theory, its total lack of content.

The organic community

Hegel finds the unity of individual satisfaction and freedom in conformity to the social ethos of an organic community. What sort of community did he have in mind?

Towards the end of the nineteenth century, Hegel's idea of an organic community was adopted by the British philosopher F. H. Bradley, who may not have equalled Hegel as an original thinker, but definitely surpassed him as a prose stylist. I shall therefore let Bradley's presentation of the basis of the harmony between private interest and communal values speak for Hegel. Bradley is describing the development of the child growing up in a community:

> The child . . . is born . . . into a living world . . . He does not even think of his separate self; he grows with his world, his mind fills and orders itself; and when he can separate himself from that world, and know himself apart from it, then by that time his self, the object of his self-consciousness, is penetrated, infected, characterized by the existence of others. Its content implies in every fibre relations of community. He learns, or already perhaps has learnt, to speak, and here he appropriates the common heritage of his race, the tongue that he makes his own is his country's language, it is . . . the same that others speak, and it carries into his mind the ideas and sentiments of the race . . . and stamps them in indelibly. He grows up in an atmosphere of example and general custom . . . The soul within him is saturated, is filled, is qualified by, it has assimilated, has got its substance, has built itself up from, it is one and the same life with the universal life, and if he turns against this he turns against himself.

Bradley's point, and Hegel's, is that because our needs and desires are shaped by society, an organic community fosters those desires that most benefit the community; moreover, it so imbues its members with the sense that their own identity consists in being a part of the community that they will no more think of going off in pursuit of their own private interests than one part of the organism that is my body, say my left arm, would think of hiving off from my shoulder to find something better to do than stuff my mouth with food. Nor should we forget that the relationship between an organism and its parts is reciprocal. I need my left arm and my left arm needs me. The organic community will no more disregard the interests of its members than I would disregard an injury to my left arm.

If we can accept this organic model of a community, we shall grant that it would end the ancient conflict between the interests of the individual and the interests of the community; but how does it preserve freedom? Does it not display mere small-minded conformity to custom? Where does it differ from the Greek communities which Hegel regarded as lacking the essential principle of human freedom

10. F. H. Bradley (1846–1924).

brought forward in the Reformation and captured, if one-sidedly, in Kant's notion of duty?

The citizens of Hegel's community differ from those of the Greek city-states precisely because they belong to a different historical era and have the achievements of Rome, Christianity, and the Reformation as part of their intellectual heritage. They are aware of their capacity for freedom and their ability to make their own decisions in accordance with their conscience. A customary morality, which demands conformity to its rules simply because it is the custom to conform to them, cannot command the obedience of free-thinking beings. (We saw how the questioning of Socrates was a mortal threat to the basis of the Athenian community.) Free-thinking beings can only give their allegiance to institutions that they recognize as conforming to rational principles. Therefore the modern organic community, unlike the ancient ones, must be based on principles of reason.

In the *Philosophy of History* we saw what happened when people first ventured to strike down irrational institutions and build a new state based on purely rational principles. The leaders of the French Revolution understood reason in a purely abstract and universal sense which would not tolerate the natural dispositions of the community. The Revolution was the political embodiment of the mistake Kant made in his purely abstract and universal conception of duty, which would not tolerate the natural side of human beings. In keeping with this pure rationalism the monarchy was abolished, and all other degrees of nobility as well. Christianity was replaced by the cult of Reason, and the old system of weights and measures abolished to make way for the more rational metric system. Even the calendar was reformed. The result was the Terror, in which the bare universal comes into conflict with the individual and negates him – or, to put it in less Hegelian terms, the state sees individuals as its enemies and puts them to death.

Disastrous as the failure of the French Revolution was for those who suffered by it, there is a crucial lesson to be learned from it, namely that to build a state on a truly rational basis we must not raze everything to the ground and attempt to start again completely from scratch. We must search for what is rational in the existing world and allow that rational element to have its fullest expression. In this manner we can build on the reason and virtue that already exists in a community.

Here is a modern parable that may illustrate why Hegel regards the French Revolution as a glorious failure, and what he would have us learn from it. When people first began to live in towns, no one thought of town planning. They just put up their houses, shops, and factories wherever seemed most convenient, and the cities grew higgledy-piggledy. Then along came someone who said: 'This is no good! We are not thinking about how we want our towns to look. Our lives are being ruled by chance! We need someone to plan our towns, to make them conform to our ideals of beauty and good living.' So along came the town planners, who bulldozed the old neighbourhoods and erected streamlined high-rise apartment buildings, surrounded by swathes of green lawns. Roads were widened and straightened, shopping centres were put up in the midst of generous parking areas, and factories were carefully isolated from residential zones. Then the town planners sat back and waited for the people to thank them. But the people complained that from their high-rise apartments they could not watch their children as they played on the lawns ten floors below. They complained that they missed the local corner shops, and that it was too far to walk across all those green lawns and parking spaces to the shopping centres. They complained that since everyone now had to drive to work, even those new wide straight roads were choked with traffic. Worst of all, they complained that, now no one was walking, the streets had become unsafe and those lovely green lawns were dangerous to cross after dark. So the old town planners were fired, and a new generation of town planners grew up, who had learned from the mistakes of their predecessors. The first thing the new town planners did was to put a stop to the demolition of old neighbourhoods. Instead they began to notice the positive features of the old, unplanned towns. They admired the varied vistas of the narrow, crooked streets, and noticed how convenient it was to have shops and residences and even small factories mixed up together. They remarked on how these streets kept traffic to a minimum, encouraged people to walk, and made the town centre both lively and safe. Not that their admiration for the old unplanned towns was totally unreserved; there were a few things that needed to be tidied up, some particularly offensive industries were moved away from where people lived, and many old buildings had to be restored or else replaced with buildings in keeping with the surroundings. What the new town planners had discovered, however, was that the old cities worked; and it was this that had to be preserved, whatever tinkering might still be desirable.

The old, unplanned cities are like the ancient communities that grew up with custom as their basis; the first town planners resemble the French revolutionaries in their fervour to impose rationality on reality; while the second generation of planners are the true Hegelians, made wiser by the past and ready to find rationality in a world that is the result of practical adaptation rather than deliberate planning.

Now we can see why the free citizens of the modern era give their allegiance to a community which, at first glance, does not differ greatly from the custom-based communities of the ancient world. These free citizens understand the rational principles on which their community is based, and so they freely choose to serve it.

There are, of course, some differences between the modern rational community and the communities of ancient Greece. Because the modern era knows that all human beings are free, slavery has been abolished. Without slavery, Hegel believes, the time-consuming form of democracy practised in Athens is unworkable. Nor does Hegel think much of representative democracy with universal suffrage, partly because he thinks individuals cannot be represented (he says only 'the

11. A planned community.

essential spheres of society and its large-scale interests' are suitable for representation) and partly because with universal suffrage each individual vote has so little significance that there is widespread apathy, and power falls into the hands of a small caucus of particular interests.

The rational community is, Hegel says, a constitutional monarchy. A monarchy is required because somewhere there must be the power of ultimate decision, and in a free community this power should be expressed by the free decision of a person. (Compare the Greek communities, which often consulted an oracle – a force external to the community – for the final resolution of difficult issues.) On the other hand, Hegel says, if the constitution is stable the monarch often has nothing to do but sign his name. Hence his personal make-up is unimportant, and his sovereignty is not the capricious rule of an oriental despot. The other elements of the constitutional monarchy are the executive and the legislature. The executive consists of civil servants. The only objective qualification for office is proof of ability; but where

12. An unplanned community.

there are several eligible candidates and their relative abilities cannot be determined with precision, a subjective condition enters which it is the task of the monarch to decide. Hence the monarch retains the right to appoint the executive. The legislature, in keeping with Hegel's ideas of representation, has two houses of parliament, the upper consisting of the landed class and the lower of the business class. It is, however, 'large-scale interests' such as corporations and professional guilds that are represented in the lower house, not individual citizens as such.

I have dealt swiftly with these details of Hegel's rational community because to readers living in the twenty-first century his preferences can only seem quaint, and his arguments for them have often – though not always – been shown by subsequent experience to be erroneous. So far as Hegel's conception of freedom is concerned, the particular institutional arrangements he prefers are not crucial. It should by now be clear that Hegel is not talking about freedom in the political sense in which popular sovereignty is an essential element of a free society. He is interested in freedom in a deeper, more metaphysical sense. Hegel's concern is with freedom in the sense in which we are free when we are able to choose without being coerced either by other human beings or by our natural desires, or by social circumstances. As we have seen, Hegel believes such freedom can exist only when we choose rationally, and we choose rationally only when we choose in accordance with universal principles. If these choices are to bring us the satisfaction which is our due, the universal principles must be embodied in an organic community organized along rational lines. In such a community individual interests and the interests of the whole are in harmony. In choosing to do my duty I choose freely because I choose rationally, and I achieve my own fulfilment in serving the objective form of the universal, namely the state. Moreover – and here is the remedy for the second great defect in Kantian ethics – because the universal law is embodied in the concrete institutions of the state, it ceases to be abstract and empty. It prescribes to me the specific duties of my station and role in the community.

We may well reject Hegel's description of a rationally organized community. Our rejection will not affect the validity of his conception of freedom. Hegel was seeking to describe a community in which individual interests and the interests of the whole are in harmony. If he failed, others can continue the search. If none succeeds, if we finally accept that no one ever will succeed, we will have to acknowledge that freedom, in Hegel's sense, cannot exist. Even that would not invalidate Hegel's claim to have described the only genuine form of freedom, and this form of freedom could still serve as an ideal.

Liberal? Conservative? Totalitarian?

We began this chapter with a puzzle. How could Hegel, who stresses freedom to the point of making it the goal of history, suggest that freedom had been achieved in the autocratic German society of his own time? Was he a servile toady who wished to endear himself to his rulers by twisting the meaning of the term into its very opposite? Worse still, was he the intellectual grandfather of the type of totalitarian state that emerged in Germany a hundred years after his death?

The first step to clearing up this puzzle is to ask a question of fact: is the ideally rational state that Hegel describes merely a description of the Prussian state at the time he was writing? It is not. There are strong similarities, but there are also significant differences. I shall mention four. Probably the most important is that Hegel's constitutional monarch ideally had little to do except sign his name, whereas Frederick William III of Prussia was much more of an absolute monarch than that. A second difference is that there was no functioning parliament at all in Prussia; Hegel's legislature, though relatively powerless, did provide an outlet for the expression of public opinion. Thirdly, Hegel was, if within very definite limits, a supporter of freedom of expression. Admittedly, by today's standards he appears most illiberal on this issue, for he excluded from this freedom anything that amounted to slander, abuse, or 'contemptuous caricature' of the government and its ministers. We are not now seeking to judge him by today's standards, however, but to compare his proposals with the state of affairs in Prussia at the time he was writing; and since the *Philosophy of Right* appeared only eighteen months after the strict censorship imposed by the Carlsbad decrees of 1819, Hegel was certainly arguing for greater freedom of speech than was allowed at the time. Fourthly, Hegel advocated trial by jury as a way of involving citizens in the legal process; but there was no right to trial by jury in Prussia at the time.

These differences are sufficient to acquit Hegel of the charge of having drawn up his philosophy entirely in order to please the Prussian monarchy. They do not, however, make Hegel any kind of liberal in the modern sense. His rejection of the right to vote and his restrictions on freedom of speech are enough to show this. His dislike of anything smacking of popular representation went so far that he wrote an essay opposing the English Reform Bill, which when finally passed in 1832 ended notorious inequalities and abuses in the election of members of the House of Commons (while still excluding the majority of adult males – let alone females – from the electoral roll).

After what we have seen of Hegel's ideas of freedom, however, this should come as no surprise. Hegel would have thought that popular suffrage would amount to people voting in accordance with their material interests or with the capricious and even whimsical likes and dislikes they may form for one candidate rather than another. Had he been able to witness an election in a modern democracy, he would not have had to change his mind. Those who defend democracy today could scarcely disagree with Hegel over the manner in which most voters decide whom to favour with their votes; they would differ with Hegel in regarding the elections as an essential element in a free society, no matter how impulsive or arbitrary the majority of the electors may be. Hegel would have emphatically rejected this, on the grounds that an impulsive or arbitrary choice is not a free act. We are free only when our choice is based on reason. To make the entire direction of the state dependent on such arbitrary choices would, in his view, amount to handing over the destiny of the community to chance.

Does this mean that Hegel is indeed a defender of the totalitarian state? This is Karl Popper's view, in his widely read *The Open Society and Its Enemies*, and he backs up the claim with quotations bound to raise the hackles of any modern liberal reader. Here are some examples:

> The State is the Divine Idea as it exists on earth . . . We must therefore worship the State as the manifestation of the Divine on earth . . . The State is the march of God through the world . . . The State . . . exists for its own sake.

These quotations are, Popper thinks, enough to show Hegel's insistence upon 'the absolute moral authority of the state, which overrules all personal morality, all conscience', and to give Hegel an important role in the development of modern totalitarianism.

Hegel's emphasis on rationality as the essential element in freedom lends further credence to this reading. For who is to decide what is rational? Armed with the doctrine that only rational choices are free, any ruler can justify the suppression of all opposed to his own rational plans for the future of the state. For if his plans are rational, those who oppose them must be motivated not by reason but by selfish desires or irrational whims. Their choices, not being rationally based, cannot be free. To suppress their newspapers and leaflets is thus not to restrict free speech, to arrest their leaders is not to interfere with their freedom of action, and to close down their churches and set up new, more rational forms of worship does not interfere with their freedom of religion. Only when these poor misguided people are led by these methods to appreciate the rationality of their leader's plans will they be truly free! If this is Hegel's concept of freedom, did ever a philosopher provide a better example of the Orwellian double-speak that Hitler and Stalin used so effectively to implement their totalitarian designs?

Popper's case is not as strong as it seems. First, his quotations nearly all come not from Hegel's own writings, but from notes of his lectures taken by students and published only after his death, by an editor who explained in his preface that he had done a certain amount of rewriting. Second, at least one of these resonant utterances is a mistranslation. Where Popper quotes 'The State is the march of God through the world', a more accurate translation would be: 'It is the way of God with the world, that the State exists.' This amounts to no more than the claim that the existence of states is in some sense part of a divine plan. Third, for Hegel 'State' does not mean simply 'the government' but refers to all social life. Thus he is not glorifying the government against the people, but referring to the community as a whole. Fourth, these quotations need to be balanced by others, for Hegel frequently presents one aspect of a subject in an extreme form before balancing it against another. Thus Hegel's remarks on the state follow upon earlier passages in which he says: 'the right of subjective freedom is the pivot and centre of the difference between antiquity and modern times' and goes on to say that this right 'in its infinity' has become 'the universal effective principle' of the new form of civilization. Later, we find him saying: 'What is of the utmost importance is that the law of reason should be shot through and through by the law of particular freedom . . . '. Moreover, Hegel insists that, 'in view of the right of self-consciousness', laws can have no binding force unless they are universally known. To hang the laws so high that no citizen can read them, as Dionysius the Tyrant is said to have done, or to bury them in learned tomes no ordinary citizen can read, is injustice. Along similar lines is Hegel's searing attack on the reactionary writer von Haller, who defended a doctrine of 'might makes right' that would have suited Hitler well. Of this author Hegel says: 'The hatred of law, of right made determinate in law, is the shibboleth whereby fanaticism, flabby-mindedness and the hypocrisy of good intentions are clearly and infallibly recognised for what they are, disguise themselves as they may.' So strong a defence of the rule of law is an awkward base from which to construct a totalitarian state, with its secret police and dictatorial power.

That the extravagant language Hegel used to describe the state, and his idea that true freedom is to be found in rational choices, are both wide open to misuse and distortion in the service of totalitarianism is undeniable; but that it is a misuse is equally undeniable. We have seen enough of his views about constitutional monarchy, freedom of expression, the rule of law, and trial by jury to make this plain. The problem is that Hegel was serious about reason, to an extent that few of us are now. When someone tells us how the affairs of the state can most rationally be conducted, we take him to be expressing his personal preferences. Others, we assume, will have different preferences and as for what is most 'rational', well, since none of us can really tell, we may as well forget about it and settle for what we like best. So when Hegel writes of 'worshipping' the state, or of freedom being realized in a rational state, we are inclined to apply these remarks to whatever type of state takes our fancy – a reading utterly contrary to Hegel's intentions. By a 'rational State' Hegel himself meant something quite objective and quite specific. It had to be a state that individuals really did choose to obey and support, because they genuinely agreed with its principles and truly found their individual satisfaction in being part of it. For Hegel, no rational state could ever deal with its citizens as the Nazi and Stalinist states dealt with theirs. The idea is a contradiction in terms. Similarly, the threat of the interests of the state coming into conflict with and ruthlessly crushing the rights of the individual loses its grip once we realize that in Hegel's rational state the interests of the individual and of the collective are in harmony.

To all this a modern reader will probably react with a 'Yes, but . . . '. 'Yes' to indicate that Hegel was not himself advocating totalitarianism; 'but' to suggest that on this interpretation Hegel was extraordinarily optimistic about the possibilities of harmony between humans, and even more extraordinarily at odds with reality if he believed that the harmony would exist in the kind of state he described.

The latter criticism I believe to be unanswerable. If Hegel's remarks about the state are to be defensible, the rational state he has in mind must be very different from any state that existed in his day (or has existed since, for that matter). Yet the state he described, while it may have differed significantly, certainly did not differ radically from states existing in his own day. The most likely explanation is that Hegel was too conservative, or else too cautious, to advocate a radical departure from the political system under which he lived and taught. To say that Hegel's 'one aim was to please the King of Prussia' is clearly wrong; but it may be fair to say that in order to avoid the wrath of the King of Prussia (and of all the other German rulers) Hegel muted the radical thrust of his underlying philosophical theory.

There is, however, one more thing that needs to be said about Hegel's vision of harmony between humans. His political philosophy is only a part of a much larger philosophical system, in which unity between individual human beings has a metaphysical basis. In the last two chapters we have given the historical and political sides of Hegel's thought more than their fair allocation of space, considering their place in Hegel's work as a whole, and so it is time to move on to the larger philosophical system. We shall soon see that to turn to the other side of Hegel's thought is equally desirable for a deeper understanding of both his philosophy of history and his political philosophy.

Chapter 4
The odyssey of mind

Mind or spirit?

It is time to confess: I have been cheating. My account of Hegel's philosophy so far has carefully omitted all mention of something that Hegel himself refers to repeatedly and regards as crucial: the idea of *Geist*. So crucial is this idea that Hegel actually says that the whole object of the *Philosophy of History* is to become acquainted with *Geist* in its guiding role in history. Without some knowledge of this idea, therefore, one can have only a partial grasp of Hegel's view of history. In the *Philosophy of Right*, too, the concept of *Geist* is never far away. Hegel refers to the state, for instance, as 'objectified *Geist*'. So the preceding chapters were deliberately misleading; my only excuse is that I misled in a good cause, the cause of easing the reader gently into the strange and often obscure world of Hegel's ideas.

For the English-speaking reader, the difficulties of Hegel's concept of *Geist* begin with its translation. In German the word is common enough, but it has two distinct, though related meanings. It is the standard word used to mean 'mind', in the sense in which our mind is distinct from our body. For example, 'mental illness' is *Geisteskrankheit* – literally, 'mind-sickness'. *Geist* can, however, also mean 'spirit' in the varied senses of that English word. Thus 'the spirit of the times' is *der Zeitgeist*, while the third element of the Christian Trinity of Father, Son, and Holy Ghost (or

Holy Spirit) is *der Heilige Geist*. The translator's task is made doubly difficult by the fact that in some passages Hegel seems to use the word much as we would use 'mind', in other contexts he uses it as we would use 'spirit', and in others still his usage has elements of both meanings.

In this impossible situation, the translator has three options: to use 'mind' throughout; to use 'spirit' throughout; or to use whichever seems most appropriate in the context. I have rejected the third option, because it is obviously important to Hegel that what he calls *Geist* is one and the same thing, notwithstanding the different aspects of it that emerge in his various writings. When I began work on this book, my presumption was that I would use 'spirit', for this has been the choice of virtually all recent translators of Hegel. Yet as I began to get more deeply into the attempt to present Hegel in a form that would be understandable to readers who are not already Hegel scholars, I became convinced that to use 'spirit' is to prejudge, for the English-speaking reader, the whole question of what *Geist* really means for Hegel. In English, apart from special usages like 'spirit of the age' and 'team spirit', the word 'spirit' has an inescapably religious or mystical flavour. A spirit taps out the message on the Ouija board, or haunts the deserted Gothic mansion. A spirit is a ghostly, disembodied being, the sort of thing you believe in if you are a bit superstitious, but not if you take a cool, clear scientific view of the world.

Now it may be that at some point in our examination of Hegel we shall have to say that his philosophy is based on this somewhat superstitious view of the world, and his concept of *Geist* is intended to refer to just such a ghostly, disembodied being. We must not, however, assume this from the start. Hegel is a philosopher working in the Western philosophical tradition. Philosophers in this tradition have always been much concerned with the nature of mind, or consciousness, and its relation to the physical world. Descartes began the modern philosophical era by asking what he could know with complete certainty; and he answered by saying that while he might be dreaming, or deceived by an evil demon and hence mistaken in almost all his beliefs, the one thing he could know with certainty is: 'I think, therefore I exist.' I cannot be deceived about that, for to be deceived, I must still exist. What, though, is this 'I'? It is not my physical body – about that I could be deceived. The 'I' that I know with certainty is simply a thing that thinks: in other words, a mind. From this argument arose the central preoccupations of subsequent Western philosophy. How are my thoughts and feelings connected to my body? Are there both mental objects, such as thoughts, and material objects, such as bodies? If so, in what way can two such different kinds of thing interact? My brain is a material thing; how can matter be conscious? This nest of issues is known among philosophers as 'the mind–body problem'. Another set of issues, also traceable to Descartes, focuses on problems of knowledge: How can we know what the world is like? Can we be sure that our thoughts are in any way a reflection of some 'real' world that is 'out there', as we tend to assume? If all my conscious experiences including the sensations of colour and shape and texture that I rely upon for simple beliefs like that in the existence of the sheet of paper in front of me now, are always in my mind, how can I ever know anything at all of the world outside my own consciousness?

The point of this digression into the problems of the Western philosophical tradition is simply this: it is entirely to be expected that a philosopher like Hegel should write about mind. That he does so should not suggest that he believes in the existence of disembodied spirits or of anything else in which you and I, cool, clear-thinking adherents of the scientific world-view that we may be, do not also believe. Therefore we should at least start our discussion of what Hegel is saying by taking his references to *Geist* not as talk about some peculiar mystical being, but as a contribution to the long-standing philosophical debate about the nature of mind. Accordingly in this book I return to the practice of an earlier generation of translators of Hegel and render *Geist* as 'mind'. We shall see as we go along in just what sense of that word Hegel's concept is to be understood.

The task of the *Phenomenology*

That my presentation of Hegel's views up to this point has been seriously incomplete can be seen by returning to a question I brushed aside early in the discussion of Hegel's philosophy of history. Why is the history of the world nothing but the progress of the consciousness of freedom? The question cries out for an answer. Hegel explicitly denies – and it would in any case be quite out of keeping with his whole line of thought – that the direction of history is some kind of fortunate accident. Hegel asserts that what happens in history happens necessarily. What does this mean? How can it be true? Hegel's answer is that history is nothing but the progress of the consciousness of freedom because history is the development of mind. In the *Philosophy of History* Hegel did not set out to explain this notion because he had already published a very long and very dense volume intended to demonstrate the necessity of mind developing as it does. That volume is *The Phenomenology of Mind*. Karl Marx called it 'the true birthplace and secret of Hegel's philosophy'. Others, defeated by its 750 pages of bewildering and tortuous prose, have been content to let whatever secrets it might contain rest undisturbed. No account of Hegel, however, can decently overlook it.

The obvious place to start is with the title. The *Oxford English Dictionary* tells us that 'phenomenology' means 'the science of phenomena, as distinct from that of being'. That is all very well if we are familiar with the distinction between 'phenomena' and 'being'. For those who are not, the same dictionary obligingly tells us that 'phenomenon' means, in its philosophical use, 'that of which the senses or the mind directly takes note; an immediate object of perception (as distinguished from substance, or a thing in itself)'. The distinction being made here can be illustrated by considering the difference between the moon as it appears in my vision, and the moon as it really is. In my vision it appeared last night as a silvery crescent no bigger than a tennis ball; it really is, of course, a sphere of rock with a diameter of several thousand kilometres. The silvery crescent is the phenomenon. Phenomenology, then, is the study of the way in which things appear to us.

If phenomenology is the study of the way in which things appear to us, a 'phenomenology of mind', we might guess, will be a study of the way in which mind appears to us. Such a guess would be correct, but there is a characteristically Hegelian twist to add. When we study how our mind appears to us, we can only be studying how it appears to our minds. Thus a phenomenology of mind is really a study of how mind appears to itself. Accordingly, Hegel's *Phenomenology of Mind* traces different forms of consciousness, viewing each one from inside, as it were, and showing how more limited forms of consciousness necessarily developed into more adequate ones. Hegel himself describes his project as 'the exposition of knowledge as a phenomenon' because he sees the development of consciousness as a development toward forms of consciousness that more fully grasp reality, culminating in 'absolute knowledge'.

In his introduction to the *Phenomenology*, Hegel explains why he believes it necessary to carry out this kind of study. He begins with the problem of knowledge. The aim of philosophy, he says, is the 'actual knowledge of what truly is' or, as he somewhat mysteriously characterizes it, 'the absolute'. Before we start to pronounce upon 'what truly is', however, hadn't we better pause to reflect upon knowledge itself, that is, on how we come to know reality? In our attempts to gain knowledge we are attempting to grasp reality. Hence knowledge, Hegel says, is often likened to an instrument by which we grasp truth; if our instrument is faulty we may end up holding nothing but error.

So we begin with an enquiry into knowing. Immediately we are beset by sceptical worries. If trying to know reality is like using some kind of instrument for grasping reality, isn't there a danger that applying our instrument to reality will alter it, so that we grasp something very different from undisturbed reality? (Compare the way modern physicists find it impossible to pin down the speed and location of subatomic particles, because whatever instrument they use to observe them will also interfere with them.) Even if we abandon the 'instrument' metaphor, Hegel says, and regard knowledge as a more passive medium through which we observe reality, we are still observing reality-through-the-medium, not reality itself.

If an instrument or a medium through which we are looking has a distorting effect, one way of coming to know the true state of affairs is to discover the nature of the distortion and subtract the difference it makes. For example, if I look at a stick half in the water and half out, the part in the water appears bent. Is the stick really bent? I can calculate this if I know the law of refraction and thus the difference that looking at it through water makes. Subtracting this difference, I will discover what the stick is really like. Can we perhaps do the same with the distorting effect of the instrument or medium of knowledge, and thus come to know reality as it is?

No, Hegel says, this escape from our puzzle is not open to us. Knowing is not like seeing. For in the case of knowing, what is one to subtract? It would be like subtracting not the difference the water makes to the ray of light, but the ray of light itself. Without knowledge we would not know the stick at all; to subtract our act of knowing, therefore, would be to leave us knowing nothing.

So our instrument cannot guarantee us an image of undisturbed reality, nor can we come closer to reality by making allowances for the disturbance caused by our instrument. Should we therefore embrace the sceptical position that there is nothing we can truly know? But such scepticism, Hegel says, is self-refuting. If we are to doubt everything, why not doubt the claim that we can know nothing? Moreover, the sceptical argument we have been considering has its own presuppositions, which it claims to know. It starts with the idea that there is such a thing as reality, and that knowledge is some kind of instrument or medium by which we grasp reality. In so doing, it presupposes a distinction between ourselves and reality, or the absolute. Worse still, it takes for granted that our knowledge and reality are cut off from one another, but at the same time still treats our knowledge as something real, that is, as a part of reality. Thus scepticism will not do either.

Hegel has neatly set up a certain view of knowing, and then shown that it leads into a hole from which we cannot escape, and in which we cannot remain. We must, he now says, abandon all these 'useless ideas and expressions' about knowledge as an instrument or medium, all of which divide knowledge from reality as it is.

In all of this argument there is no mention of any philosopher who has held the view of knowledge that Hegel now says we must reject. To some extent he is criticizing assumptions common to the whole school of empiricist philosophers – Locke, Berkeley, Hume, and many others. It would, however, have been obvious to all his readers that his main target is Kant. Kant argued that we can never see reality as it is; for we can only comprehend our experiences within the frameworks of space, time, and causation. Space, time, and causation are not part of reality, but the necessary forms in which we grasp it; therefore we can never know things as they are independently of our knowledge.

In another work, the *Lesser Logic*, Hegel does name his opponent and mounts a similar attack against him (though as if to display his intellectual fertility, he presses home his point with a slightly different argument). The passage is worth quoting, because it concludes with an analogy that suggests the way forward:

> We ought, says Kant, to become acquainted with the instrument, before we undertake the work for which it is to be employed; for if the instrument be insufficient, all our trouble will be spent in vain . . . But the

13. Hegel in academic dress.

> examination of knowledge can only be carried out by an act of knowledge. To examine this so-called instrument is the same thing as to know it. But to seek to know before we know is as absurd as the wise resolution of Scholasticus, not to venture into the water until he had learned to swim.

The lesson taught by the folly of Scholasticus is clear. To learn to swim we must plunge boldly into the stream; and to obtain knowledge of reality, we must plunge boldly into the stream of consciousness that is the starting point of all we know. The only possible approach to knowledge is an examination of consciousness from the inside as it appears to itself – in other words, a phenomenology of mind. We shall not start with sophisticated doubts, but with a simple form of consciousness that takes itself to be genuine knowledge. This simple form of consciousness will, however, prove itself to be something less than genuine knowledge, and so will develop into another form of consciousness; and this in turn will also prove inadequate and develop into something else, and so the process will continue until we reach true knowledge.

The *Phenomenology of Mind* is the tracing of this process in detail: as Hegel puts it, 'the detailed history of the process of training and educating consciousness itself up to the level of science'. Part of this training and educating is in fact the development of ideas that has occurred throughout history; thus Hegel's *Phenomenology* is in part an anticipation of the material covered in the *Philosophy of History*. This time, however, the same events are treated in a different manner, for Hegel's aim is to exhibit the process of the development of consciousness as a necessary one. Each form of consciousness, in revealing itself to be less than genuine knowledge, leads us to what Hegel calls 'a determinate negation'. This is not the empty scepticism defended by philosophers who find fault with our ordinary methods of knowing; from that empty scepticism there would be no way forward. A determinate negation, on the other hand, is itself something. (Think of the negation sign in mathematics: it produces not zero, but a definite negative number.) The 'something' that is the result of the discovery that a form of consciousness is inadequate is itself a new form of consciousness, namely consciousness aware of the inadequacies of the previous form and forced to adopt a different approach in order to surmount them. Thus we shall be compelled to move from one form of consciousness to the next in a restless searching for true knowledge.

The *Phenomenology* will therefore provide an answer to the question raised earlier, as to why the history of the world is nothing but the development of the consciousness of the idea of freedom, and why what happens in history happens necessarily. Yet, incredibly, the answer given to this monumental question is merely a by-product of the principal aim of the work, which is to demonstrate the possibility of genuine knowledge, and thus to serve as a foundation for philosophy's aim of providing, as Hegel put it, 'actual knowledge of what truly is'.

The goal of the process to be traced in the *Phenomenology* is true knowledge, or 'the absolute'. How will we know that we have reached it? Will not sceptical doubts still be possible? No, says Hegel, because 'the terminus is at that point where knowledge is no longer compelled to go beyond itself . . . '. In other words, whereas previously consciousness has been forced to admit that its own knowledge is inadequate, and to strive for more adequate knowledge that is beyond its grasp – to seek to know the 'thing-in-itself' – at the end of the process, reality will no longer be an unknowable 'beyond'. Consciousness will know reality directly, and be at one with it. There will be nothing further to reach for, and the restless compulsion to attain more adequate knowledge will at last be satisfied.

Hegel has set himself an extraordinary task. Beginning with a powerful critique of the approach to knowledge taken by Kant (and not only by Kant, but by all philosophers who start off by assuming a division between one who knows and the thing that is known – which means virtually all philosophers from Plato onwards), Hegel sets out to develop a new method. His method is to trace the development of all the possible forms of consciousness to the final goal of genuine knowledge, which must not be knowledge of the appearance of reality, but knowledge of reality itself. We must now see how he carries out this task.

Knowledge without concepts?

Hegel starts with the most primitive form of consciousness, which he calls 'certainty at the level of sense-experience' or, more briefly, 'sense-certainty'. He has in mind a form of consciousness which does nothing but grasp what is in front of it at any given moment. Sense-certainty simply records the data received by our senses. It is knowledge of the particular thing present to our senses. Sense-certainty makes no attempt to order or classify the raw information obtained by the senses. Thus when this form of consciousness has in front of it what we would describe as a ripe tomato, it cannot describe its experience as a tomato, for that would be to classify what it sees. It cannot even describe the experience as one of seeing something round and red, for these terms too presuppose some form of classification. Sense-certainty is aware only of what is now present to it; as Hegel puts it, it is the certainty of the 'this', or of the 'here' and 'now'.

Sense-certainty seems to have a strong claim to being genuine knowledge, for it is directly aware of the 'this', without imposing on it the distorting filters of a conceptual scheme involving space, time, or any other categories. Sense-certainty is simple awareness of the object exactly as it is. Yet, as Hegel shows, the claim that sense-certainty is knowledge does not stand up to further investigation. As soon as sense-certainty attempts to utter its knowledge, it becomes incoherent. What is the 'this'? It can be broken down into the 'here' and the 'now', but these terms cannot convey truth. If, late one night, we are asked what is the 'now', we may reply 'now it is night-time'. Suppose we write that down – a truth cannot lose anything by being written down, Hegel says, nor by being preserved. So the next day at noon we take out the truth we have written down, only to find that, as Hegel puts it, 'it has turned stale'. Similarly I say 'here is a tree', but another sense-certainty can just as well say 'here is a house'.

Hegel's argument seems to be based on a perverse misunderstanding of the language used to convey the knowledge of sense-certainty. Surely it is possible to restate the knowledge of sense-certainty in a manner that is immune to such cheap tricks? Yet the trick is not as easy to get around as one might imagine. From the standpoint of sense-certainty it is not possible to say, for example, 'at midnight it is night' or 'there is a tree in the park'. These utterances presuppose a general ordering of things, including our concepts of time and space.

How then can the knowledge of self-certainty be expressed? Hegel's point is that it cannot be expressed in language at all, because sense-certainty is knowledge of the pure particular, while language always involves bringing something under some more general or universal label. 'Tomato' is a universal term that picks out a whole class of objects, not a single particular object – and the same is true of every other term. Hegel's attack on the truthfulness of 'now it is night-time' is intended to show that to use terms like 'now', 'here', and 'this' is no way to express knowledge of the pure particular. These terms are also universals, for there is more than one 'now' and more than one 'here'. Thus sense-certainty, in seeking to express its knowledge of the pure particular, has got sucked into the necessity of the universal term.

Hegel believes that he has established the impossibility of knowledge without universal concepts. Two possible objections to his argument are worth brief mention. The first points out an obvious exception to the rule that every term picks out a class of objects rather than a particular object: proper names. 'John D. Rockefeller', 'Rosa Luxemburg', 'The Sydney Opera House' and other proper names do pick out particular objects. Could not sense-certainty describe its experience by giving every 'this' a proper name?

In the *Phenomenology* Hegel ignores the fact that proper names are an exception to his view of language; but we can make a fair guess at what his reply would be, for in his *Logic* he asserts that proper names are meaningless, precisely because they lack reference to anything beyond the name itself, that is, to anything universal. For the particular knowledge of sense-certainty to be expressed by proper names, we can imagine him saying, would be merely to stick meaningless labels on every 'this' of which one was aware. Such labels would convey nothing.

This brings us to the second possible objection, which grants that the knowledge of sense-certainty may be impossible to put into language and convey to others, but contends that it is none the less knowledge. Why should we assume that all knowledge can be put into words? Mystics have often asserted that the truths of mystical experiences are impossible to put into words, and yet are the deepest truths of all. 'A truth cannot lose anything by being written down', Hegel said; but perhaps this simple claim was the first step down the path away from truth. Should we not have stopped Hegel right there, and insisted on the validity of knowledge too pure for words?

To this objection Hegel must reply, for it threatens the heart of his enterprise. He does not deny that there is something which cannot be reached by language, but he asserts that this is 'nothing else than what is untrue, irrational, something barely and simply believed'. I may well think that I know what I mean, even if I cannot put it into words, but in fact this is not knowledge, it is purely subjective, a personal opinion. Opinion is not knowledge. It can only become knowledge by being brought out into the open.

Hegel makes his point by playing on the multiple meanings of the German 'meinen', to believe or to intend, and its associated noun

'Meinung', which means 'opinion'. If we disregard this way of doing philosophy by punning, we are left with an assertion rather than an argument. Nevertheless the assertion – that something which is in principle incommunicable cannot possibly be knowledge – is plausible enough.

We can now take stock of our analysis of the claim that this primitive form of consciousness represents genuine knowledge. An attempt was made to state what sort of knowledge could be possessed by a consciousness that does nothing more than grasp what is in front of it at any given moment. The attempt failed, because the truths reached by that form of consciousness proved to be either palpable falsehoods, or something purely personal that can never be expressed. In neither case could these alleged truths be accepted as knowledge.

Thus sense-certainty proved itself inadequate. The result was achieved, as Hegel promised us in his introduction, from within – that is, all that was necessary to show the inadequacy of sense-certainty was to take its claims at face value and try to make them more precise. Sense-certainty did not succumb to a rival form of consciousness; it collapsed through its own incoherence. At the same time, and again as we were promised in the introduction, this outcome was not only a negative result. We were led to appreciate the impossibility of knowledge of pure particulars, and thus the necessity of bringing particular sense-experiences under some form of conceptual scheme, a scheme that classifies what we experience under a universal aspect, and so makes it possible to communicate our experience through language. If we are to achieve knowledge, we cannot passively experience; we must allow our mind to play a more active role in ordering the information received by our senses. The next form of consciousness Hegel examines, therefore, is one in which consciousness actively attempts to create some unity and coherence out of the raw data of sense-experience.

The emergence of self-consciousness

From the naïve form of consciousness discussed in the preceding section, Hegel traces the development of consciousness through two further stages which he calls 'perception' and 'understanding'. In each stage consciousness plays a more active role than it did in the preceding stage. At the level of perception, consciousness classifies objects according to their universal properties; this proves inadequate, and so at the level of understanding, consciousness imposes its own laws on reality. The laws Hegel has in mind are Newton's laws of physics, and the view of the universe that came to be based on them. Although these laws are commonly regarded as a part of reality that Newton and other scientists have discovered, Hegel sees them as no more than an extension of the classification by consciousness of the raw data of sense-experience. Just as bringing these data under universal categories essential to language made it possible to communicate, so the laws of physics are a way of making the data more coherent and predictable. The concepts employed in this process – notions like 'gravity' and 'force' – are not things we see existing in reality, but constructs made by our understanding to help us grasp reality.

Consciousness at the level of understanding does not see these constructs for what they are; it takes them as objects to be understood. We who trace the process of the development of consciousness can see that consciousness is, in effect, trying to understand its own creations. It has itself for its object. This means that consciousness has reached the point at which it can reflect upon itself. It is latent self-consciousness. With this conclusion Hegel brings the first part of the *Phenomenology* – the part headed 'Consciousness' – to a close. In the following part, under the general title 'Self-consciousness', he drops the direct investigation of the problem of knowledge that provided the focus of the first part, switching his attention to the development of latent self-consciousness into fully explicit self-consciousness. (This is still, of course, part of the development of mind towards the stage of absolute knowledge.)

The desiring mind

Hegel's notion of self-consciousness is important; in different ways, it has influenced both Marxist and existentialist thinkers. Self-consciousness, he maintains, cannot exist in isolation. If consciousness is to form a proper picture of itself, it needs some contrast. It requires an object from which to differentiate itself. I can only become aware of myself if I am also aware of something that is not myself. Self-consciousness is not simply a consciousness contemplating its own navel.

14. Self-consciousness recognizing another self-consciousness?

Although self-consciousness needs an object outside itself, this external object is also something foreign to it, and a form of opposition to it. There is therefore a peculiar kind of love-hate relationship between self-consciousness and the external object. This relationship, in the best tradition of love-hate relationships, comes to the surface in the form of desire. To desire something is to wish to possess it and thus not to destroy it altogether – but also to transform it into something that is yours, and thus to strip it of its foreignness.

The introduction of this notion of desire marks the switch in Hegel's concern from theoretical problems of discovering truth to practical problems of changing the world. We have here a foreshadowing of the 'unity of theory and practice' of which Marxists make so much. Truth is to be obtained not through contemplation alone, but by working on the world and changing it. On Marx's tombstone are engraved the words of his famous Eleventh Thesis on Feuerbach: 'The philosophers have only interpreted the world in various ways; the point, however, is to change it.' Marx certainly had Hegel in mind as one of 'the philosophers', and it is undeniable that Marx wished to change the world far more radically than Hegel did; Hegel could none the less have pointed out that the underlying idea of Marx's words can be found in the *Phenomenology*, at the point where the self-conscious being finds that to realize itself fully it must set about changing the external world and making it its own.

Desire appeared as the expression of the fact that self-consciousness needs an external object, and yet finds itself limited by anything that is outside itself. But to desire something is to be unsatisfied; so desire is – to make a typically Hegelian play on words – an unsatisfactory state for self-consciousness. Worse still, self-consciousness seems doomed to be permanently unsatisfied, for if the object of desire is done away with as an independent object, self-consciousness will have destroyed what it needed for its own existence.

Hegel's solution to this dilemma is to make the object of self-consciousness another self-consciousness. In this manner each self-conscious being has another object with which to contrast itself, yet the other 'object' turns out to be not a simple object which must be possessed and thereby 'negated' as an external object, but another self-consciousness which can possess itself, and thereby can do away with itself as an external object.

If this seems obscure, don't worry. It is even more obscure in Hegel's text. One commentator, Ivan Soll, remarks on the 'extreme opacity' of Hegel's argument at this point; another, Richard Norman, deals swiftly with this section, saying: 'since I find large parts of it unintelligible, I shall say little about it'. Hegel's central point is that self-consciousness demands not simply any external object, but another self-consciousness. One way of explaining this is to say that to see oneself, one needs a mirror. To be aware of oneself as a self-conscious being, one needs to be able to observe another self-conscious being, to see what self-consciousness is like. An alternative explanation is that self-consciousness can only develop in a context of social interaction. A child growing up in total isolation from all other self-conscious beings would never develop mentally beyond the level of mere consciousness, for self-consciousness grows out of a social life. Each of these explanations is plausible enough. Unfortunately it is difficult to relate either of them to the words Hegel uses. One or both of them may nevertheless resemble what he had in mind.

Master and slave

We pass now to the most admired section of the entire *Phenomenology*. The two self-consciousnesses are on stage. For ease of exposition, let us refer to self-conscious beings as persons. (Hegel, of course, does not deign to make the exposition easier.) Each person, then, needs the other to establish his own awareness of himself. What precisely is it that each requires from the other? Hegel suggests that it is acknowledgement or recognition. To understand his point we need to note that the German word for self-consciousness, '*Selbstbewusstsein*', also has the sense of 'being self-assured' (unlike the English word, which is associated with embarrassment and hesitation). It is this sense of the German word that gives support to Hegel's idea that my self-consciousness is threatened by the existence of another person who fails to acknowledge me as a person. As Richard Norman has suggested, we can take the work of existential psychiatrists like R. D. Laing as an elaboration of this idea. If the worth of one person is systematically denied recognition by all those on whom he or she depends – as can happen in a family in which one member has become a scapegoat for everyone's problems – that person's sense of identity can be utterly destroyed. (The result of this lack of acknowledgement, according to Laing, is schizophrenia.)

If this notion of the need for acknowledgement or recognition is still obscure, consider the analogy of a nation achieving diplomatic recognition. That diplomatic recognition is important to states is obvious from the efforts that some states, like China, have made to obtain it – and from the efforts that others have made to prevent them obtaining it. Until a nation has been recognized by others, it is not a full-fledged state. Diplomatic recognition is peculiar in that on the one hand it apparently does no more than recognize something that is already in existence, and yet on the other hand it makes something less than a state into a complete state. The same peculiarity belongs to Hegel's conception of recognition.

The demand for recognition is mutual. One might think, therefore, that people could peacefully recognize each other and be done with it. Instead Hegel tells us that self-consciousness seeks to become pure, and to do this it must show that it is not attached to mere material objects. In fact self-consciousness is doubly attached to material objects: it is attached to its own living body, and to the living body of the other person from whom it requires acknowledgement. The way to prove that one is not attached to either of these material objects is to engage in a life-and-death struggle with the other person: by seeking to kill the other, one shows that one is not dependent on the body of the other, and by risking one's own life, one shows that one is not attached to one's own body either. Hence the initial relationship of the two individuals is not peaceful mutual recognition, but combat.

It is difficult to know what to make of this. Hegel seems to be saying that violent combat is not an accidental occurrence in human affairs, but a necessary element in the process of proving oneself a person. Can he really mean to say, though, that people who have not risked their lives are not really, or fully, persons? Perhaps it would be better – certainly it is more charitable – to regard the process of 'proving' as one that merely makes explicit what was already implicit. (For example, when we prove a theorem, we do not thereby make it true; we only show that it was true all along.) On this interpretation, someone who has never risked his life can still be a person, although his existence as a person has not been demonstrated. Being more charitable still, we might interpret Hegel as holding only that it is necessary, somewhere along the line, that some people stake their lives to prove their independence of their bodies; the proof does not have to be repeated for each person.

To return to the conflict, the original idea was that each individual was intent upon the death of the other. A moment's thought shows, however, that this outcome suits nobody – not the defeated, who will be dead, nor the victor, who will then have destroyed the source of recognition he needs to confirm his sense of himself as a person. So the victor realizes that the other person is essential to him, and spares his life; but the original equality of two independent people has been replaced by an unequal situation in which the victor is independent and the loser is dependent. The former is the master, the latter the slave.

In this way Hegel accounts for the division between ruler and ruled.

15. A slave seeks recognition.

Once again, though, this situation is not stable. The reason Hegel gives for its instability is strikingly original.

At first it seems that the master has everything. He sets the slave to work in the material world, and sits back to enjoy both the subservience of the slave and the fruits of the slave's labours. But consider now the master's need for acknowledgement. He has the acknowledgement of the slave, to be sure, but in the eyes of the master the slave is merely a thing, not an independent consciousness at all. The master has, after all, failed to achieve the acknowledgement he requires.

Nor is the situation of the slave as it first appeared to be. The slave lacks adequate acknowledgement, of course, for to the master he is a mere thing. On the other hand, the slave works on the external world. In contrast to his master, who receives the temporary satisfactions of consumption, the slave shapes and fashions the material objects on which he works. In doing so he makes his own ideas into something permanent, an external object. (For example, if he carves a log of wood into a chair, his conception of a chair, his design, and his efforts remain a part of the world.) Through this process the slave becomes more aware of his own consciousness, for he sees it in front of him as something objective. In labour, even labour under the direction of another, hostile mind, the slave discovers that he has a mind of his own.

Some forty years later, Karl Marx developed his own notion of *alienated labour*. Like Hegel, Marx regarded labour as a process in which the worker puts his own thoughts and efforts – in fact all that is best in himself – into the object of his labours. The worker thereby *objectifies* himself, or externalizes himself. Marx then made much of a point that is implicit in what Hegel says: if the object of labour is the property of another, especially an alien, hostile other, the worker has lost his own objectified essence. This is what happens to the labour of the slave; but, as Marx insisted, it also happens under capitalism. The chair, shoes, cloth, or whatever it is that the worker has produced belong to the capitalist. They enable the capitalist to profit, and thereby to increase his capital and strengthen his dominance over the workers. So the objectified essence of the worker is not merely lost to him; it actually turns into a hostile force that oppresses him. This is alienated labour, the key idea of Marx's early writings and the forerunner of the notion of surplus value which is the basis of the Marxist critique of capitalist economics.

Philosophy and religion

For Marx the solution to the problem of alienated labour was the abolition of private property and of the division of mankind into the rulers and the ruled. Hegel, on the other hand, saw himself as tracing a path that consciousness had already travelled. So there could be no question of leaping off at this point into some future classless society. In fact, it is precisely at this point that the *Phenomenology* becomes more historical, edging closer to the material Hegel was later to deal with more concretely in his *Philosophy of History*. The section on master and slave is followed by a discussion of Stoicism, a philosophical school that became important under the Roman Empire and included among its leading writers both Marcus Aurelius, the emperor, and Epictetus, a slave. Stoicism therefore bridges the gulf between master and slave. In Stoicism, the repressed slave who has come to full self-awareness through work can find a type of freedom; for Stoicism teaches withdrawal from the external world – in which the slave remains a slave – and retreat into one's own consciousness. As Hegel says: 'In thinking I am free, because I am not in another, but remain simply and solely in touch with myself; and the object which for me is my essential reality is . . . my own existence.' And again: 'The essence of this consciousness is to be free, on the throne or in chains . . . '. The Stoic in chains is still free because chains do not matter to him. He detaches himself from his body and finds his consolation in his mind, where no tyrant can touch him.

The weakness of Stoicism is that thought, cut off from the real world, lacks all determinate content. Its edifying ideas are barren of substance and soon get tedious. Stoicism is then succeeded by another philosophical attitude, scepticism, and from scepticism we progress to what Hegel calls 'the unhappy consciousness', a notion which I shall briefly discuss because of the importance it had to some of Hegel's successors.

16. Marcus Aurelius (121–180).

'The unhappy consciousness' is clearly a form of consciousness that existed under Christianity. Hegel also refers to it as 'the alienated soul', and this expression provides a better clue to what Hegel has in mind. In the alienated soul, the dualism of master and slave is concentrated into one consciousness, but the two elements are not unified. The unhappy consciousness aspires to be independent of the material world, to resemble God and be eternal and purely spiritual; yet at the same time it recognizes that it is a part of the material world, that its physical desires and its pains and pleasures are real and inescapable. As a result the unhappy consciousness is divided against itself. This conception should be familiar from the discussion of Hegel's attitude to Kant's ethics in the preceding chapter; on this occasion, it is Christianity rather than Kant that Hegel has in mind. Recall St Paul's 'The good which I want to do I fail to do; but what I do is the wrong which is against my will', and St Augustine's plea: 'Give me chastity and continence, but do not give it yet.'

Hegel's target is any religion which divides human nature against itself – and he asserts that this is the upshot of any religion which separates man from God, putting God in a 'beyond' outside the human world. This conception of God, he maintains, is really a projection of one aspect of human nature. What the unhappy consciousness does not realize is that the spiritual qualities of God which it worships are in fact qualities of *its own self*. It is in this sense that the unhappy consciousness is an alienated soul: it has projected its own essential nature into a place for ever out of its reach, and one which makes the real world in which it lives seem, by contrast, miserable and insignificant.

Reading Hegel's treatment of the unhappy consciousness in isolation from his other writings, one could well take him to be attacking all religion, or at the very least Judaism, Christianity, and other religions based on a conception of God as a being distinct from the human world. He appears to be denying the existence of any such God, and explaining our belief in God as a projection of our own essential attributes. Only pantheism, or a humanism which takes humanity itself as divine, would be immune from this condemnation. Yet Hegel was, as we have seen, a member of the Lutheran Church, and in several of his other writings, including the *Philosophy of History*, and even in a later section of the *Phenomenology* itself, Protestant Christianity is viewed in a much more positive light. Did Hegel, in his later writings and his personal behaviour, compromise the radical thrust of his views about religion, as he appears to have compromised the radical thrust of his view of the state? After Hegel's death, a group of young radicals took this view of Hegel's philosophy. They saw themselves as following the true, uncompromised essence of his thought, and placed special emphasis on his discussion of the unhappy consciousness. We shall follow this sequel in the final chapter of this book.

Mind's goal

We shall now pass over a huge chunk of the *Phenomenology*. Some of what we are missing is tedious and obscure; other sections come close to equalling in interest and importance those we have just discussed. Sometimes the topics are just what one would expect to find in a philosophical work. There are discussions of the metaphysical ideas of Fichte and Kant. There is a critique of hedonism, or the pursuit of pleasure. There is a discussion of Kant's ethics, making objections similar to those we have already encountered in discussing the *Philosophy of Right*. Moral sentimentality of the type made popular in Hegel's time by the Romantic movement also comes in for critical analysis.

Other topics are more unusual. There is, for instance; a long section on physiognomy and phrenology – the pseudo-sciences based on the idea that one can tell people's character from (in the case of physiognomy) the shape of their faces or (according to phrenology) the bumps on their skulls. Hegel opposes these ideas, not because he has evidence of their inaccuracy, or any reason as mundane as that, but for the philosophical reason that mind is not to be tied to anything as material as a face or a skull.

Another unusual section is an analysis of a society built upon the *laissez-faire* economic theory of Adam Smith and his school, according to which each works to accumulate wealth for himself, but in fact contributes by his labours to the prosperity of the whole. Hegel's objection here – a point later to be taken up and made much of by both Marxist and non-Marxist critics of free-enterprise economics – is that by encouraging individuals to seek their own private interests, this economic system prevents individuals from seeing themselves as part of a larger community.

These diverse topics, along with many others, are woven into Hegel's conception of the path mind must travel in order to reach absolute knowledge. We have seen how he maintained that there could be no adequate knowledge without a self-conscious mind, and how self-consciousness was developed by working on the world and changing it. From that point on, Hegel sees all of human history as the development of mind. Historical periods such as Ancient Greece, the Roman Empire, the Enlightenment, and the French Revolution have much the same significance as they do in the *Philosophy of History*. They are stages in the progress of mind towards freedom. So too are many of the elements of the organic community that Hegel described in the *Philosophy of Right*. Despite these broad similarities, there are some differences between the way Hegel treats this material in the *Phenomenology* and his later treatment in the *Philosophy of History* and the *Philosophy of Right*. I shall mention three.

The difference that strikes the reader at once is that in the *Phenomenology* no specific countries, periods, dates, events, or people are named. While the references to specific periods and events are usually obvious enough – especially to the reader familiar with the *Philosophy of History* – everything is dealt with as if it were an instance of a general process that mind is forced to pass through by the inner necessity of its drive to self-realization. It is as if references to specific people, times, or places would somehow suggest that things might have turned out differently if the people or circumstances had been different. Hegel manages to give the impression that the process he is describing would have occurred if the development of mind had taken place on Mars. Indeed, so abstract is the tone of the *Phenomenology*, so devoid of a sense of time and place, that if mind had developed on Mars, Hegel would not have had to change anything.

A second difference is that whereas both the *Philosophy of History* and the *Philosophy of Right* culminate in the achievement of a state resembling the Prussian form of monarchy, this type of state is not even mentioned in the *Phenomenology*. The sections that parallel the *Philosophy of History* end with the French Revolution. The French Revolution is a climax to history in the sense that it represents mind in a state of absolute freedom, aware of its ability to change the world and to mould political and social life according to its own will. For reasons similar to those offered in the *Philosophy of History*, Hegel portrays the abstract freedom of the French Revolution as leading inevitably to its opposite, the negation of the free self that is terror and death; but there is no further political development in the *Phenomenology*. Instead the path of mind moves to more rarefied levels, first to the moral view of the world advanced by Kant, Fichte, and the Romantics, then to the religious state of mind, and finally to absolute knowledge itself, which is achieved by philosophy.

There is an obvious explanation for the absence of references to the Prussian state in the *Phenomenology*. When Hegel wrote it he was teaching not in Prussia, but at Jena. Moreover, he wrote during the period of the Napoleonic Wars, when France was the dominant power in Europe, and the future of the German states was unpredictable. So Hegel would have had to be remarkably prescient to anticipate the resurgence of the Prussian state and to make it the culmination of his political history. The understandable absence of references to some such state has naturally made the *Phenomenology* popular with those who believe that in his later works Hegel compromised his true views in order to please his political masters.

The third major difference between the *Phenomenology* and the later works is that in the *Philosophy of History* Hegel describes the course of history as nothing but the progress of the consciousness of the idea of freedom, whereas in the *Phenomenology* the emphasis is, as we have seen, on development towards absolute knowledge. Taking these terms in their ordinary senses, it would seem that in the two works Hegel takes different and incompatible views. Surely one can be knowledgeable while languishing in a tyrant's cell; and one can live in total freedom on a tropical island in blissful ignorance of all science, politics, and philosophy. But by now we should know enough about Hegel to beware of taking his terms in their ordinary senses. For Hegel, absolute knowledge and true freedom are inseparable. Our final task, so far as the *Phenomenology* is concerned, is to understand what he means by absolute knowledge. To do this we first need to understand why the progress of the consciousness of the idea of freedom is also the progress of mind towards absolute knowledge.

Our earlier examination of Hegel's conception of freedom revealed that for him we are free when we are able to choose uncoerced by other people, by social circumstances, or by natural desires. That examination concluded with the promise that a better understanding of this view would emerge once we knew a little about his system of ideas as a whole. We have now learnt from the *Phenomenology* that Hegel sees all human history as the necessary path of the development of mind. The fact that he takes mind as the driving force of history indicates why he insists that our own desires, whether natural or socially conditioned, are a restriction on freedom. Freedom for Hegel is not freedom to do as we please; it consists in having a free mind. Mind must be in control of everything else, and must know that it is in control. This does not mean (as it did for Kant) that the non-intellectual side of nature is simply to be suppressed. Hegel gives our natural and socially conditioned desires their place, as he gives traditional political institutions their place; but it is always a place within a hierarchy ordered and controlled by mind.

The kind of freedom Hegel believes to be genuine is to be found, as we saw, in rational choice. Reason is the essential nature of the intellect. A free mind, unimpeded by coercion of any sort, will follow reason as easily as a river unimpeded by mountains or hills would flow directly to the sea. Anything that is an obstacle to reason is a limitation on the freedom of mind. Mind controls everything when everything is rationally ordered.

We also saw that Hegel regards reason as inherently universal. If reason is the essential medium of mind, it follows that mind is inherently universal. The particular minds of individual human beings are linked because they share a common universal reason. Hegel would put this even more strongly: the particular minds of individual human beings are aspects of something inherently universal, namely mind itself. The greatest obstacle to the rational ordering of the world is simply that individual human beings do not realize that their minds are part of this universal mind. Mind progresses towards freedom by chipping away at this obstacle. Remember how at the very beginning of the *Phenomenology* consciousness was limited to knowledge of the bare particular 'this', and was compelled to accept the universal terms implicit in language. From that point on, every step has been a step along a winding road that leads towards a mind closer to conceiving of itself as something both rational and universal. This is the road to freedom, because individual human minds cannot find freedom in rational choice when they are locked into conceptions of themselves that do not acknowledge the power of reason or its inherently universal nature.

Once this is understood, it is not difficult to see a connection between freedom and knowledge. All that needs to be said is that for human beings to be free, they must be fully aware of the rational and hence universal nature of their intellect. This self-awareness is absolute knowledge. As Hegel wrote in the *Philosophy of History*:

> That the mind of the Egyptians presented itself to their consciousness in the form of a *problem* is evident from the celebrated inscription in the sanctuary of the Goddess Neith: '*I am that which is, that which was, and that which will be; no one has lifted my veil.*' . . . In the Egyptian Neith, truth is still a problem. The Greek God Apollo is its solution; his utterance is: '*Man, know thyself.*' In this dictum is not intended a self-recognition that regards the specialities of one's own weaknesses and defects: it is not the individual that is admonished to become acquainted with his idiosyncrasy, but humanity in general is summoned to self-knowledge.

Humanity in general, Hegel could well have added, is at the same time summoned to freedom.

Absolute knowledge

We have seen that the goal of the *Phenomenology* is absolute knowledge, and that this is linked with the goal of history being the consciousness of freedom. Self-knowledge is both a form of knowledge and the basis of Hegel's conception of freedom. Why, though, does Hegel describe self-knowledge as 'absolute knowledge'? Should we not say that self-knowledge is part of knowledge, but by no means the whole of it? Psychology, after all, is only one science among many; and even if we add to it anthropology, biology, history, evolutionary theory, sociology, and all the other sciences that can contribute to our knowledge of ourselves, there will be many areas of knowledge entirely outside this category or at best very remotely linked to it: geology, physics, astronomy, and so on. Are these not also part of absolute knowledge?

There are two misconceptions in this objection. One is easy to clear up. By 'absolute knowledge' Hegel does not mean knowledge of everything. Absolute knowledge is knowledge of the world as it really is, in contrast to knowledge of mere appearances. To gain absolute knowledge we do not have to know all the facts it is possible to know. It is the job of scientists to learn more and more about the universe. Hegel's aim was the philosophical goal of showing how real knowledge is possible, not the scientist's aim of increasing the knowledge we have.

The second misconception can only be eliminated by an explanation of Hegel's position on the nature of ultimate reality. Hegel described himself as an 'absolute idealist'. 'Idealism' in philosophy does not mean what it means in ordinary language: it has nothing to do with having lofty ideals or striving to be morally perfect. The philosophical term should really be 'idea-ism' rather than 'ideal-ism', for its sense is that it is *ideas*, or more broadly our minds, our thoughts, our consciousness, that constitute ultimate reality. The opposed view is materialism, which contends that ultimate reality is material, not mental. (Dualists believe that both mind and matter are real.)

Hegel believes, then, that the ultimate reality is mind, not matter. He also believes that the *Phenomenology* has led to this conclusion. From the stage of sense-certainty onwards, every attempt to gain knowledge of an objective reality independent of mind failed. The raw information received by the senses proved meaningless until it was brought under a conceptual system produced by consciousness. Consciousness had to shape the world intellectually, to classify and order it, before knowledge was possible. So-called 'material objects' turned out to be not things existing quite independently of consciousness, but constructs of consciousness, involving concepts like 'property' and 'substance'. At the level of self-consciousness, consciousness became aware of the laws of science as laws of its own creation, and so for the first time mind had itself as the object of its scrutiny. It was also at this stage that consciousness began to shape the world practically as well as intellectually, by taking material objects and working on them, fashioning them in accordance with its own images of how they should be. Self-consciousness then began to shape its social world too, a process culminating in the discovery that reason is sovereign over everything. In other words, although we set out merely to trace the path of mind as it comes to *know* reality, at the end of the road we find that we have been watching mind as it *constructs* reality.

Only on this conception of reality as the creation of mind can Hegel fulfil the undertaking he made in the introduction to the *Phenomenology*, to show that we can have genuine knowledge of reality. Remember how he poured scorn on all conceptions of knowledge as some kind of instrument for grasping reality, or as a medium through which we view reality. All these conceptions, he said, divide knowledge from reality. Kant, with his notion of the 'thing-in-itself' as for ever beyond knowledge, was obviously one of the targets of this criticism. In contrast, Hegel promised that the *Phenomenology* would reach a point 'where knowledge is no longer compelled to go beyond itself', where reality will no longer be an unknowable 'beyond', but instead mind will know reality directly and be at one with it. Now we can understand what all this meant: absolute knowledge is reached when mind realizes that *what it seeks to know is itself*.

This point is the key to understanding the *Phenomenology* as a whole. It is probably the most profound of all the ideas of Hegel that I am attempting to convey in this book, so let us go over it again.

Reality is constituted by mind. At first mind does not realize this. It sees reality as something independent of it, even as something hostile or alien to it. During this period mind is estranged or alienated from its own creation. It tries to obtain knowledge of reality, but this knowledge is not genuine knowledge because mind does not recognize reality for what it is, and so regards it as a mysterious thing beyond its grasp. Only when mind awakens to the fact that reality is its own creation can it give up this reaching after the 'beyond'. Then it understands that there is nothing beyond itself. Then it knows reality as directly and immediately as it knows itself. It is at one with it. As Hegel puts it in the concluding section of the *Phenomenology*, absolute knowledge is 'mind knowing itself in the shape of mind'.

Hegel has thus brought his gigantic work to a bold and brilliant conclusion. He has produced a startling solution to the fundamental problem of philosophy, and at the same time shown why history had to move along the paths it has in fact travelled. Whether his vast edifice stands solidly is another question; but even if it crumbles before our eyes, we cannot help admiring the breadth and originality of the design.

There is one feature of the design that your guide cannot resist pointing out. Ask yourself *when* absolute knowledge is achieved. The answer is, of course, that it is achieved as soon as mind understands that reality is its own creation and there is no 'beyond' for it to know. And when does this occur? Well, since this conception of reality is the upshot of Hegel's *Phenomenology*, it must occur when Hegel's own mind grasps the nature of the universe. On Hegel's view, mind comes to its final resting-place when he, Hegel, understands the nature of reality. There can scarcely be a more momentous conclusion to a work of philosophy. The closing pages of *The Phenomenology of Mind* are no mere *description* of the culmination of all human history; they *are* that culmination.

Two questions

So magnificent is Hegel's philosophical cheek that to question it seems petty. Nevertheless there are many questions that virtually ask themselves. I shall briefly consider two central ones.

The first concerns Hegel's idealism. We may admit that there can be no knowledge without an intellect that structures the raw information received by the senses. We may grant that human beings shape their world practically, as well as theoretically, by working on it. But even when all this and more is taken into account, there remains the stubborn conviction that there must still be something 'out there' independently of our experience of it. After all, to say that mind imposes its categories on the raw information it receives from the senses – on the 'this' that is immediately present to consciousness at the level of sense certainty – is to presuppose that there is raw information coming from somewhere. Hegel can deny that this raw information amounts to knowledge, but he cannot deny that it suggests the existence of something outside mind itself. The same point holds even more obviously for the view that mind shapes the world practically by working upon it. Michelangelo may have thought of David, taken a lump of marble, and turned it into a statue that accorded with his thoughts; but he would not have got far if there had been no marble in the first place.

This line of thought (in the theoretical rather than the practical sphere) led Kant to postulate his unknowable 'thing-in-itself'. Hegel has made some acute criticisms of this idea, but has he really shown that we can do without it?

The second question also flows from Hegel's idealism. Some idealists are subjectivists. They maintain that what is ultimately real are one's *own* thoughts and sensations. Different minds may have different thoughts and sensations, and if they do, there is no possible way of judging the contents of one mind to be true and those of the other false – indeed on this view such classifications are meaningless, for they erroneously presuppose an objective reality beyond the thoughts and sensations of individual minds. Hegel rejects the view that there are countless different 'realities' corresponding to the countless different minds that exist. He calls his form of idealism *absolute idealism* to distinguish it from subjective idealism. For Hegel there is only one reality, because, ultimately, there is only one mind.

Now we have returned to the question with which our investigation of the *Phenomenology* began. If Hegel believes that there is only one mind, what on earth can he mean by 'mind'? He must mean some kind of collective or universal mind. In that case, would not 'spirit', with all its religious connotations, have been a better translation all along? Is not the idea of a collective mind fundamentally a religious idea? Should we not regard it as Hegel's conception of God?

Perhaps; but if we are in the end forced to this view, it will be with a better understanding of the ambiguities and uncertainties of Hegel's position than we would have had if we had opted for that translation from the start.

That there remain uncertainties about Hegel's conception of mind is undeniable. On the one hand, he needs the conception of a collective or universal mind not only to avoid a subjective form of idealism, but also to make good his vision of mind coming to see all of reality as its own creation. If there are millions of distinct individual minds, no single mind will be able to see much of reality as its own practical creation, for a large part of reality will consist of the practical creations of other minds. The manner in which mind conceives of the world before it has achieved absolute knowledge – as something independent of it and even hostile to it – will often prove to be no deception, but the literal truth. All this seems to force upon us an interpretation of Hegel that would understand his term 'mind' as some kind of cosmic consciousness; not, of course, a traditional conception of God as a being separate from the universe, but rather as something more akin to those Eastern philosophies that insist that All is One.

On the other hand Hegel regarded himself as a thoroughgoing defender of reason. Can we reconcile this with what he says, and needs to say, about mind? One way of doing so might be to take very seriously the extent to which Hegel believes consciousness to be necessarily social. From the first section of the *Phenomenology*, Hegel insists that knowledge is only knowledge if it can be communicated. The necessity of language rules out the idea of an entirely independent consciousness. Consciousness must interact with other consciousnesses if it is to develop into self-consciousness. In the end, mind can only find freedom and self-understanding in a rationally organized community. So minds are not separate atoms, linked together by the accidents of association. Individual minds exist together, or they do not exist at all.

Hegel's social theory of mind is important, particularly for its influence on later thought, but it may not be enough to allow us to make sense of his idea of knowledge as mind at one with itself. There is still a second element to be drawn into service, however, and this is his idea of the universal nature of reason. We have already seen how Hegel regards reason as the essential principle of mind, and sees reason as essentially universal. He could therefore say: in so far as individual minds are truly mind – and not selfish or capricious desire – they really would all think and act in harmony with each other, they really would all recognize each other as having one and the same essential nature. This essential nature – this 'universal mind' – is neither an individual mind, nor a collective mind, but simply rational consciousness.

This may be an extreme and one-sided view of the nature of reason and of mind. It may be based, as I suggested his political philosophy might be based, on a misguided optimism about the possibility of harmony between human minds. It is not, however, a retreat into the mystical unity of a cosmic consciousness. Whether it is an accurate interpretation of the central message of the *Phenomenology* is another question.

Chapter 5
Logic and dialectics

As I said in my preface, it is not my intention to give an exposition of Hegel's *Science of Logic*. On the other hand, I do not wish to leave the reader with the mistaken impression that the *Logic* is an unimportant or peripheral work in the overall structure of Hegel's philosophy. I shall therefore say something about what Hegel set out to achieve in the *Logic*. In so doing, I shall take the opportunity to explain that aspect of logic so frequently said to be Hegel's greatest discovery, the dialectical method.

Hegel's conception of logic

The goal of logic, Hegel tells us in the introduction to his *Science of Logic*, is truth. That is all very well, but what sort of truth? Hegel begins by referring to the traditional view of the subject, which begins with a separation between form and content, and takes logic to be the study of the form of true or valid thought, irrespective of its content. Logic as usually conceived studies forms of argument like:

Everything that is A is B

x is A

Therefore *x* is B

Here we have a form without content. We could write 'human', 'mortal', and 'Socrates' for A, B, and *x* respectively; or we could write 'four-legged animal', 'furry', and 'my pet tortoise'. The argument is valid in either case, though where there is a false premise, the conclusion may also be false. Validity is a matter of form, not content. To the logician the content is of no interest.

It follows from this separation of form and content that logic tells us nothing about the actual world. The forms of argument which logic describes would be exactly as they are if humans were immortal, or if tortoises were furry. They would not change if there were no humans or tortoises at all.

If we recall how in the *Phenomenology* Hegel began to investigate the problem of knowledge by challenging the commonly assumed distinction between the knower and what is known, it should come as no surprise to learn that Hegel mentions this traditional distinction between form and content only in order to deny it. Logic, he says, is the study of thought; but in his *Phenomenology of Mind* he has already shown that there is no objective reality independent of thought. Thought is objective reality, and objective reality is thought. Therefore when logic studies thought, it must also be studying reality. 'If we wish still to employ the word *matter*', he says, rubbing the point home, the content of logic is 'the true genuine matter'. He goes on to provide us with some images of the subject-matter of logic. It is, he says, 'the truth as it is, without husk in and for itself', or, to put it another way: 'this content shows forth God as he is in his eternal essence before the creation of nature and of a finite mind'.

Walter Kaufmann calls this 'perhaps the maddest image in all of Hegel's writings', but what it suggests is not entirely unrelated to the traditional view that logic tells us nothing about the world. In saying that logic is not about the world of nature and of finite minds, Hegel accepts part of the traditional view. The part he is most anxious to reject is the idea that reality, or truth, is to be found *only* in the world of nature and people. On the contrary, it follows from his absolute idealism that ultimate reality is to be found in what is mental or intellectual, not in what is material. It is to be found, to be specific, in rational thought. Logic is therefore the study of this ultimate reality in its pure form, abstracted from the particular forms it takes in the finite minds of human beings or in the natural world.

Hegel's view of mind as ultimate reality has a further consequence for the importance of logic. Since mind shapes the world, a study of rational thought will reveal the principles on which the world has been shaped. To put it in terms of Hegel's own image: to understand God's eternal essence before the creation of the world is to understand the basis on which the world was created.

The dialectical method

While working on a draft of *Capital* Marx wrote to Engels:

> In the *method* of treatment the fact that by mere accident I again glanced through Hegel's *Logic* has been of great service to me . . . If there should ever be time for such work again, I would greatly like to make accessible to the ordinary human intelligence, in two or three printer's sheets, what is *rational* in the method which Hegel discovered but at the same time enveloped in mysticism . . .

The method Marx is referring to is of course the dialectical method, which Hegel describes as 'the only true method' of scholarly and scientific exposition. It is the method he uses in the *Logic* to uncover the form of pure thought.

Marx never found the time to write his explanation of what is rational in the dialectical method. Many others did, however, and they were by no means as brief as Marx had intended to be. Some of these commentators build up dialectics into an alternative to all previous forms of logic, something that supersedes such ordinary reasoning as the simple syllogistic form of argument set out on the first page of this chapter. There is nothing in Hegel to justify such extravagant claims for the dialectical method. Nor is there any need to treat the dialectical method, as others do, as something deep and mysterious. It is, Hegel says, a method with a 'simple rhythm'; to dance to it takes no great skill.

In our exposition of the *Phenomenology* we have in fact already been doing the dialectical two-step, for that work is, as Hegel tells us, 'an example of this method as applied to a more concrete object, namely consciousness. No one but Hegel could think of consciousness as portrayed in the *Phenomenology* as a relatively concrete object. But more concrete examples of the dialectic are available in Hegel's later works, so for ease of exposition let us begin with an instance from the *Philosophy of History*.

In the *Philosophy of History*, one immense dialectical movement dominates world history from the Greek world to the present. Greece was a society based on customary morality, a harmonious society in which citizens identified themselves with the community and had no thought of acting in opposition to it. This customary community forms the starting point of the dialectical movement, known in the jargon as the *thesis*.

The next stage is for this thesis to show itself to be inadequate or inconsistent. In the case of the community of ancient Greece, this inadequacy is revealed through the questioning of Socrates. The Greeks could not do without independent thought, but the independent thinker is the deadly foe of customary morality. The community based on custom thus collapses in the face of the principle of independent thought. It is now the turn of this principle to develop, which it does under Christianity. The Reformation brings acceptance of the supreme

17. Karl Marx (1818–1883) as a student.

right of individual conscience. The harmony of the Greek community has been lost, but freedom is triumphant. This is the second stage of the dialectical movement. It is the opposite or negation of the first stage, and hence is known as the *antithesis*.

The second stage then also shows itself to be inadequate. Freedom, taken by itself, turns out to be too abstract and barren to serve as the basis for a society. Put into practice, the principle of absolute freedom turns into the Terror of the French Revolution. We can then see that both customary harmony and abstract freedom of the individual are one-sided. They must be brought together, unified in a manner that preserves them, and avoids their different forms of one-sidedness. This results in a third and more adequate stage, the *synthesis*. In the *Philosophy of History*, the synthesis in the overall dialectical movement is the German society of Hegel's time, which he saw as harmonious because it is an organic community, yet preserving individual freedom because it is rationally organized.

Every dialectical movement terminates with a synthesis, but not every synthesis brings the dialectical process to a stop in the way that Hegel thought the organic community of his own time brought the dialectical movement of history to an end. Often the synthesis, though adequately reconciling the previous thesis and antithesis, will turn out to be one-sided in some other respect. It will then serve as the thesis for a new dialectical movement, and so the process will continue. We saw this happen more than once in the *Phenomenology*. For example, the section on consciousness concluded with the emergence of self-consciousness. Taking this as the thesis, we saw that self-consciousness needed some object from which to differentiate itself. The external object can be taken as the antithesis. This was unsatisfactory because the external object is something foreign or hostile to self-consciousness. The synthesis of these was desire, in which self-consciousness retains the external object, but makes it its own. The state of desire in turn proved (literally) unsatisfactory, and so we moved to an external object which was itself a self-consciousness. The second self-consciousness might be regarded as the antithesis of the first, and the synthesis of these two was a situation in which master was dominant over slave, thereby obtaining acknowledgement. This new synthesis proved no more lasting than its predecessors, for the slave ends up more independent and self-aware than the master. This antithesis found its synthesis in Stoicism, the philosophy of both master and slave . . . and so on.

In the *Logic* this same method is applied to the abstract categories in which we think. Hegel starts with the most indeterminate, contentless concept of all: being, or bare existence. Pure being, he says, is pure indeterminateness and vacuity. Pure being has in it no object for thought to grasp. It is entirely empty. In fact, it is nothing.

From this breathtaking beginning the dialectic of the *Logic* moves forward. The first thesis, *being*, has turned into its antithesis, *nothing*. Being and nothing are both opposites and the same; their truth, therefore, is this movement into and apart from each other – in other words, it is *becoming*.

So the dialectic leads on; but we shall not follow. We have seen enough to grasp the idea of the dialectical method. For Hegel it is a method of exposition, but it is a method that, Hegel says, 'is in no way different from its object and content – for it is the content in itself, *the dialectic which it has in itself*, that moves it on'. In the categories of our thought, in the development of consciousness, and in the progress of history, there are opposing elements which lead to the disintegration of what seemed stable, and the emergence of something new which reconciles the previously opposing elements but in turn develops its own internal tensions. This process is a necessary one, because neither thought nor consciousness can spring into existence in an adequate form. They can achieve adequacy only by the process of dialectical development. According to Hegel, the dialectic works as a method of exposition because the world works dialectically.

The absolute idea

Hegel's overriding aim in the *Logic* is straightforward: to demonstrate the necessity of absolute idealism. He seeks to do this by starting, as we have seen, from the bare concept of being, and showing that this concept leads by dialectical necessity to other concepts which more precisely and truly capture the nature of reality; and these other concepts in turn prove inadequate and require others, until finally we reach 'the absolute idea', of which Hegel says: 'Everything else is error and gloom, opinion, striving, caprice and transitoriness; the absolute idea alone is being, imperishable life, self-knowing truth, and the whole of truth.' The *Logic* thus parallels the *Phenomenology*, except that it moves in the realm of concepts instead of in the realm of consciousness. Accordingly it has as its goal not absolute knowledge, but the absolute idea itself. Whether it is successful in proving the necessity of absolute idealism is something I shall not consider here, but one would have to search hard to find a philosopher alive today who believes that Hegel succeeds.

So what is 'the absolute idea'? That is not an easy question to answer. Perhaps the best answer is: everything. That, however, is not tremendously enlightening, so I shall try to be more specific.

Hegel says that the absolute idea 'contains every determinate-ness'. By that he means that it includes within itself every determinate or distinct thing – every human being, every tree, every star, every mountain, every grain of sand. Nature and mind, he says, are different ways in which its existence is manifested: they are different forms of the absolute idea. Art and religion are different ways of comprehending the absolute idea; or, to put it exactly as Hegel does, art and religion are different ways in which the absolute idea comprehends *itself*. (That it is self-comprehension that is involved follows from the fact that human beings are part of the absolute idea.) Philosophy, too, is a way of comprehending the absolute idea, but it is a higher form than art or religion because it grasps it conceptually, and consequently understands not only its own form of comprehension, but the aesthetic and religious forms as well.

It is of the essence of the absolute idea to manifest itself in distinct, limited forms, and then to return to itself. Self-comprehension is the form in which it returns to itself. This is the process we observed in the *Philosophy of History* and the *Phenomenology*, and now observe in the *Logic*. Self-comprehension becomes an objective social form in the ideal state described in the *Philosophy of Right*. In the *Lectures on Aesthetics* and the *Lectures on the Philosophy of Religion*, Hegel assesses the adequacy of various forms of art and religion as modes of comprehending the absolute idea. On the surface or lurking beneath, the self-comprehension of the absolute is the dominant theme of all Hegel's philosophy.

I have said that for Hegel the absolute is everything. I have also said that it seeks to comprehend itself. So we return again to the question we left unresolved at the conclusion of our discussion of the *Phenomenology*: does Hegel really believe that the universe as a whole, and everything in it, forms some kind of conscious entity? Is the absolute idea God?

It is clear that Hegel, notwithstanding his Lutheranism, was no orthodox Christian theist. The message of the section of the *Phenomenology* on 'the unhappy consciousness' is frequently repeated elsewhere in his works. To regard God as something apart from the world is to alienate the soul of man. If God exists, he is in the world, and human beings partake of his nature.

Then is Hegel a pantheist, one who asserts that God is simply identical with the world? This interpretation would be consistent with some of the things he says, but in the *Lectures on the Philosophy of Religion* Hegel explicitly rejects it, denying even that anyone has ever claimed that 'all is God'. Certainly Hegel does not think that particular things and finite human beings are literally God.

Could Hegel be an atheist, perhaps? We have seen that he places philosophy above religion as a means of comprehending the absolute idea. The Italian philosopher Benedetto Croce described Hegel's philosophy as 'radically irreligious, because it is not content to oppose itself to religion or to range it alongside of itself, but it resolves religion into itself and substitutes itself for it'. Croce was right to point to this sense in which Hegel's philosophy, in refusing to yield pride of place to religion, is deeply irreligious; yet there is so much else in Hegel's thought that is recognizably in the religious mould. There are his images and metaphors, like the one he used to describe the nature of the *Logic*. There is his philosophy of history, which is intended to illustrate how history works towards its goal under the direction of mind. There is also his view of ultimate reality as being able to comprehend itself, which suggests that ultimate reality is personal. To portray Hegel as an atheist is to go against some of his most central ideas.

Not an orthodox theist, not a pantheist, not an atheist – what else is left? Some years ago a Hegel scholar named Robert Whittemore argued that Hegel was a panentheist. The term comes from Greek words meaning 'all in God'; it describes the view that everything in the universe is part of God, but – and here it differs from pantheism – God is more than the universe, because he is the whole, and the whole is greater than the sum of all its parts. Just as a person is more than all the cells that make up his or her body – although the person is nothing separate from the body – so on this view God is more than all the parts of the universe, but not separate from it. Equally, just as no single cells amount to a person, so no individual parts of the universe amount to God.

Whittemore's interpretation is plausible, not only because it is consistent

18. Georg Wilhelm Friedrich Hegel (1770–1831).

with what Hegel says specifically about God, but also because it makes sense of the dominant theme of his philosophy. If God is the absolute idea, the ultimate reality of the universe, the whole of its parts, we can understand why the absolute idea must manifest itself in the world, and there progress to self-comprehension. God needs the universe in the same way as a person needs a body.

The idea that God can lack anything is repugnant to most religious believers. That Hegel might be saying such a thing is, in their eyes, a reason for interpreting his philosophy as irreligious; but that is, I believe, a mistake. For Hegel sees God not as eternal and immutable, but as an essence that needs to manifest itself in the world, and, having made itself manifest, to perfect the world in order to perfect itself. It is a strange vision, but a powerful one. It is a vision that places immense weight on the necessity of progress: for the onward movement of history is the path God must take to achieve perfection. Therein may lie the secret of the immense influence that Hegel, for all his outward conservatism, has had on radical and revolutionary thinkers.

Chapter 6
Aftermath

After Hegel's death, those who considered themselves his followers split into two camps. The orthodox or Right Hegelians followed in the style of Hegel's later years. They reconciled his religious views with Protestant Christianity, and accepted the generally positive view of the Prussian state expressed in the *Philosophy of Right*. This conservative school of Hegelianism produced no major thinkers, and after having for some years the status of a semi-official philosophy in Berlin, it went into so steep a decline that by the 1860s Hegel's philosophy was totally out of fashion in Germany.

The other camp was very different. It consisted of a group of young men with radical leanings. Their attitude to Hegel was like Hegel's attitude to Kant. Just as Hegel had seen Kant's doctrine of the thing-in-itself as a failure to carry through the radical implications of his philosophy, so these students of Hegel saw his acceptance of Christianity, the Prussian state, and the general conditions of their time as Hegel's failure to carry through the radical implications of his philosophy. This group became known as the Young Hegelians, or Left Hegelians. The future lay with them.

The Young Hegelians saw Hegel's philosophy as a demand for a better world, a world in which the opposition between individual and society would be overcome, a rationally organized world, a world of genuine

19. Young Hegelians in dispute, as drawn by Friedrich Engels (1820–1895).

freedom, in short a world fashioned to reflect the absolute supremacy of the human mind and its powers of reason. This better world was not, for the Young Hegelians, simply a Utopian ideal drawn up in a fanciful moment. It was the culmination of the historical and philosophical arguments of the Hegelian system. It was a dialectical necessity, a synthesis that would have to emerge to reconcile the conflicting elements of the world in which they lived.

Scorning the idea that Germany in the 1830s could be the fulfilment of the promise of Hegel's philosophy, the Young Hegelians set about finding ways of achieving their radical vision. At first they seized on religion as the crucial obstacle to a society that would allow human powers to reach their full potential. Developing the hints in the section of the *Phenomenology* on 'the unhappy consciousness', they argued that religion is a form of alienation. Man creates God, and then imagines that God has created him. Man puts into his image of God all that is best in himself: knowledge, goodness, and power. Then man bows down before this image of his own making and sees himself, by comparison, as ignorant, sinful, and weak. To restore human beings to their full powers, all that is needed is to make them realize that it is human beings who are truly the highest form of divinity.

To this end two Young Hegelians wrote books that had a tremendous impact on nineteenth-century thought about religion. David Friedrich Strauss wrote a brilliant *Life of Jesus* which, by treating the Gospels as source-materials open to historical criticism, set a model for all future study of the historical Jesus. Ludwig Feuerbach's *The Essence of Christianity* portrayed all traditional religion as man's projection of his own attributes into another sphere. It was thus the first modern attempt to develop a psychology of religious belief. Translated into English by Marian Evans (who also helped to translate Strauss, and is better known by her pseudonym George Eliot), the book had a worldwide impact at a time when Hegel's own writings were little known outside Germany.

The Young Hegelians then moved beyond religion. In a still more radical manner, Feuerbach turned Hegel's ideas against their author. He accused Hegel of having presented truths about the world in a mystified manner. Believing that mind is ultimately real, Hegel had seen the problem of disharmony in the world as a problem in the realm of thought, and so had believed that philosophy could solve it. Now Feuerbach inverted Hegel. Being is not to be derived from thought, but thought from being. Man does not have his true basis in mind: mind has its true basis in man. Hegel's philosophy is itself a form of alienation, for it takes the essence of real, living people to be something – 'mind itself' – outside themselves. We need neither theology nor philosophy, Feuerbach said, but a science which studies real people in their actual lives.

From here it is not far to the Young Hegelian through whose work elements of Hegel's thought were to have a lasting impact on the

20. Ludwig Feuerbach (1804–1872).

history of the world. Karl Marx came to the University of Berlin some six years after Hegel's death. He soon attached himself to the Young Hegelians and joined in the prevailing criticism of religion. When Feuerbach proclaimed the need to go beyond the realm of thought, Marx responded eagerly to the call. In his *Economic and Philosophical Manuscripts of 1844* Marx praised Hegel's *Phenomenology* for its account of alienation and of the importance of labour. He then developed his own view of labour under the capitalist system as the key form of alienation. To bring about the liberation of humanity, alienated labour must be abolished. To abolish alienated labour, Marx said, it is necessary to abolish private property and the wage system that goes with it: in other words, to institute communism.

In these youthful *Manuscripts* Marx describes communism in terms that all Hegelians would have found familiar:

> Communism . . . is the genuine resolution of the antagonism between man and nature and between man and man; it is the true resolution of the conflict between existence and essence, objectification and self-affirmation, freedom and necessity, individual and species. It is the riddle of history solved and knows itself as this solution.

As he grew older Marx used less Hegelian terminology, but he never abandoned the vision of communism he had reached through his transformation of Hegel's philosophy.

It is entertaining, if fruitless, to speculate on what thinkers long dead would say if they could return to life and see what has happened to their ideas. Few of them could be as startled as Hegel would have been to see that the historical culmination of his philosophy has not been comprehension of the absolute idea, but a vision of a communist society that for more than a hundred years has inspired revolutionary movements around the world.

Notes on sources

Each chapter of this book, apart from the first and the last, deals with one of Hegel's works. Here I shall provide references for passages I have quoted from these works, and from other sources. In every case the edition used is the one cited in the list of further reading which follows these notes. Where I have used several quotations from a single passage, only the first is identified; the others will then have been taken from the same or a closely following page. I have provided references for summaries and paraphrases only if the original passage is likely to prove difficult to locate.

Chapter 1: Hegel's times and life

Page 1. Hegel's comments on the French Revolution are from his *Philosophy of History*, p. 447.

Page 7. Hegel's estimate of Kant's importance comes from the *Science of Logic*, vol. I, p. 44.

Pages 11–12. The description of Hegel lecturing is by H. G. Hotho and can be found in Walter Kaufmann, *Hegel*, pp. 350–1. Kaufmann's book also contains other documentation for the details of Hegel's life.

Chapter 2: History with a purpose

Page 13. Engels praised Hegel's sense of history in the course of a review of Marx's *Contribution to the Critique of Political Economy*, available in K. Marx and F. Engels, *Selected Works* (Foreign Languages Publishing House, Moscow, 1951), vol. I, pp. 337–8.

Page 15. The famous sentence setting out the goal of history occurs on p. 19 of the *Philosophy of History*. China and India are said to be 'outside' history on p. 116, and Persia is put at the beginning of true history on p. 173.

Page 21. Hegel's discussion of Socrates is on pp. 269–70.

Page 22. The distinction between the Persian and Roman empires is set out on p. 278.

Page 23. For Hegel's account of the special nature of Christianity, see p. 333.

Page 25. 'a long, eventful and terrible night' is on p. 411.

Page 26. The essential principle of the Reformation is on pp. 416–17.

Page 28. The passage on the French Revolution is from p. 447.

Chapter 3: Freedom and community

Page 32. Schopenhauer attacked Hegel in the preface to the second edition of his major work, *The World as Will and Idea*. The passage is quoted by Popper in *The Open Society and Its Enemies*, vol. II, p. 33. Popper's own estimate of Hegel's aim is on the preceding page.

Page 34. Isaiah Berlin's 'Two Concepts of Liberty' is in his *Four Essays on Liberty* (Oxford University Press, London, 1969).

Page 34. Hegel's objection to the negative concept of freedom is in paragraph 15 of *The Philosophy of Right.*

Page 38. The comments on 'comfort' are from an 'addition' – that is, remarks added to the text by Hegel's editors, using notes taken by students at Hegel's lectures – to paragraph 191.

Page 42. The remark on duty is from paragraph 149; the one on Kant is from the addition to paragraph 133.

Page 46. Bradley's description is to be found in his *Ethical Studies* (first published 1876; republished by Oxford University Press, Oxford, 1962), pp. 171–2. The passage is quoted by Richard Norman, *Hegel's Phenomenology*, pp. 84–5, and I have used his condensation of it.

Pages 49–50. For the view of town planning used here to illustrate Hegel's idea of rationality, see Jane Jacobs, *The Death and Life of Great American Cities* (Random House, New York, 1961).

Page 51. Hegel sets out the constitutional arrangements of his rational state in paragraphs 291–2.

Page 54. For Hegel's views on freedom of expression, see paragraph 319; and on the jury system, 228. On the whole issue of the similarity between Hegel's state and the Prussian state of his time, see T. M. Knox, 'Hegel and Prussianism', in Walter Kaufmann (ed.), *Hegel's Political Philosophy*. This volume also contains a reply by E. F. Carritt.

Page 56. Popper marshals his quotations from Hegel on p. 31 of *The Open Society and Its Enemies*, vol. II. This method of presenting Hegel's ideas is attacked by Walter Kaufmann in 'The Hegel Myth and Its Method', available in *Hegel's Political Philosophy* and in Alasdair MacIntyre (ed.), *Hegel*. Kaufmann also points out the mistranslation of the sentence about the state. The German reads: 'es ist der Gang Gottes in der Welt, dass der Staat ist'. The sentence occurs in the addition to paragraph 258.

Page 57. 'the right of subjective freedom . . . ' is from paragraph 124, and 'What is of the utmost importance . . . ' from the addition to 265. In paragraph 215 Hegel insists that laws are not binding unless universally known.

Page 57. His attack on von Haller is the subject of a lengthy footnote to paragraph 258.

Chapter 4: The odyssey of mind

Page 63. Marx's reference to the *Phenomenology* is in his *Economic and Philosophical Manuscripts of 1844*, in D. McLellan (ed.), *Karl Marx: Selected Writings* (Oxford University Press, Oxford, 1977), p. 98.

Pages 64–5. The passages quoted here are from Hegel's introduction to *The Phenomenology of Mind*, pp. 131ff.

Pages 66–8 The passage on Kant is from the section of the *Encyclopedia* on logic, published in English under the title *The Logic of Hegel*, paragraph 10. The passage is quoted by Norman, *Hegel's Phenomenology*, p. 11.

Page 72. For Hegel's view of proper names, see his *Science of Logic*, vol. I, pp. 104–5. The view is referred to by Ivan Soll, *An Introduction to Hegel's Metaphysics*, p. 97.

Page 72. The statement that what cannot be reached by language is untrue is from the *Phenomenology*, p. 160. For the various meanings of 'meinen', which I have translated as 'believed' in the sentence quoted, see Soll, *An Introduction to Hegel's Metaphysics*, p. 102.

Page 81. For Marx's theory of alienated labour, see the section so titled in the *Economic and Philosophical Manuscripts of 1844*.

Page 82. 'In thinking I am free . . . ' is on p. 243 of the *Phenomenology*.

Page 90. The passage quoted is from p. 220 of the *Philosophy of History*.

Page 93. 'Mind knowing itself . . .' is from the *Phenomenology*, p. 798.

Chapter 5: Logic and dialectics

Page 98. The metaphorical descriptions of the subject matter of *The Science of Logic* are from that work, vol. I, p. 60. Kaufmann refers to Hegel's image on p. 195 of his *Hegel*.

Page 99. Marx's acknowledgement of the usefulness of the method of the *Logic* is quoted from a letter he wrote to Engels in 1858, reprinted in D. McLellan, *The Thought of Karl Marx* (Macmillan, London, 1971), p. 135. See also Marx's comments in the 'Afterword' to the second German edition of *Capital*: K. Marx, *Capital*, vol. I (Foreign Languages Publishing House, Moscow, 1961), pp. 19–20. A 'simple rhythm' is from the *Science of Logic*, vol. I, p. 65.

Page 105. Hegel's rejection of pantheism is to be found on p. 97 of the first volume of the *Lecture on the Philosophy of Religion*.

Page 106. Benedetto Croce's description of Hegel as 'radically irreligious' is from *What is Living and What is Dead in the Philosophy of Hegel*, pp. 70–1. Robert Whittemore's 'Hegel as Panentheist' appeared in *Tulane Studies in Philosophy*, vol. IX (1960), pp. 134–64.

“牛津通识读本”已出书目

古典哲学的趣味
人生的意义
文学理论入门
大众经济学
历史之源
设计，无处不在
生活中的心理学
政治的历史与边界
哲学的思与惑
资本主义
美国总统制
海德格尔
我们时代的伦理学
卡夫卡是谁
考古学的过去与未来
天文学简史
社会学的意识
康德
尼采
亚里士多德的世界
西方艺术新论
全球化面面观
简明逻辑学
法哲学：价值与事实
政治哲学与幸福根基
选择理论
后殖民主义与世界格局
福柯
缤纷的语言学
达达和超现实主义
佛学概论
维特根斯坦与哲学
科学哲学
印度哲学祛魅
克尔凯郭尔
科学革命
广告
数学
叔本华
笛卡尔
基督教神学
犹太人与犹太教
现代日本
罗兰·巴特
马基雅维里
全球经济史
进化
性存在
量子理论
牛顿新传
国际移民
哈贝马斯
医学伦理
黑格尔
地球
记忆
法律
中国文学
托克维尔
休谟
分子
法国大革命
民族主义
科幻作品
罗素
美国政党与选举
美国最高法院
纪录片
大萧条与罗斯福新政
领导力
无神论
罗马共和国
美国国会
民主
英格兰文学
现代主义
网络
自闭症
德里达
浪漫主义
批判理论

德国文学
戏剧
腐败
医事法
癌症
植物
法语文学
微观经济学
湖泊
拜占庭
司法心理学
发展
农业
特洛伊战争
巴比伦尼亚
河流
战争与技术

儿童心理学
时装
现代拉丁美洲文学
卢梭
隐私
电影音乐
抑郁症
传染病
希腊化时代
知识
环境伦理学
美国革命
元素周期表
人口学
社会心理学
动物
项目管理

电影
俄罗斯文学
古典文学
大数据
洛克
幸福
免疫系统
银行学
景观设计学
神圣罗马帝国
大流行病
亚历山大大帝
气候
第二次世界大战
中世纪
工业革命
传记